# 国外语言文字
# 法律法规选编

杨解君 ◎ 主编

中国社会科学出版社

图书在版编目(CIP)数据

国外语言文字法律法规选编／杨解君主编.—北京：中国社会科学出版社，2022.2

（语言文字法研究丛书）

ISBN 978-7-5203-9720-9

Ⅰ.①国… Ⅱ.①杨… Ⅲ.①语言文字符号—立法—研究—世界 Ⅳ.①D912.164

中国版本图书馆 CIP 数据核字（2022）第 022945 号

| | |
|---|---|
| 出 版 人 | 赵剑英 |
| 责任编辑 | 梁剑琴 |
| 责任校对 | 李 剑 |
| 责任印制 | 郝美娜 |

| | |
|---|---|
| 出　　版 | 中国社会科学出版社 |
| 社　　址 | 北京鼓楼西大街甲 158 号 |
| 邮　　编 | 100720 |
| 网　　址 | http://www.csspw.cn |
| 发 行 部 | 010-84083685 |
| 门 市 部 | 010-84029450 |
| 经　　销 | 新华书店及其他书店 |
| 印刷装订 | 北京君升印刷有限公司 |
| 版　　次 | 2022 年 2 月第 1 版 |
| 印　　次 | 2022 年 2 月第 1 次印刷 |
| 开　　本 | 710×1000　1/16 |
| 印　　张 | 14.75 |
| 插　　页 | 2 |
| 字　　数 | 250 千字 |
| 定　　价 | 88.00 元 |

凡购买中国社会科学出版社图书，如有质量问题请与本社营销中心联系调换
电话：010-84083683
版权所有　侵权必究

# 总序　推进语言文字法治建设，铸牢中华民族共同体意识

"语言文字法研究丛书"是受教育部哲学社会科学研究重大课题攻关项目"国家语言文字事业法律法规体系健全与完善研究"的资助，由中国社会科学出版社悉心推出的语言文字立法研究领域的系列学术成果，目的在于为语言文字依法治理的中国实践提供理论支撑，推动中国语言文字法治建设不断进步，推进语言文字治理体系和治理能力现代化。

"多元一体"是中华民族的文化格局和特色。习近平总书记指出："我们讲中华民族多元一体格局，一体包含多元，多元组成一体，一体离不开多元，多元也离不开一体，一体是主线和方向，多元是要素和动力，两者辩证统一。"习近平总书记关于"多元一体"的重要论述高屋建瓴，为新时代健全与完善国家语言文字事业法律法规体系提供了根本遵循和行动指南。在"多元一体"文化格局引领下，我国需要建立起以《国家通用语言文字法》为"一体"、为主线，以"非通用语言文字法"为"多元"、为动力的语言文字法体系，从而为我国语言文字事业的发展和繁荣奠定坚实的文化法制基础。

我国是一个多民族、多语言、多文种的国家，推广普及国家通用语言文字是实现文化认同，提升国家软实力，铸牢中华民族共同体意识的基本国策。诚如有论者指出，通用语言文字推广普及是维护国家统一的治政基本策略，是中华民族共同体的重要表征，是铸牢中华民族共同体意识的基础工程。基于此，关于《国家通用语言文字法》的贯彻实施、修订与完善的学术研究，旨在维护国家的语言文字主权和尊严，促进各民族、各地区经济文化交流，提高民族地区教育质量和水平。同时，关于非通用语言文字立法的研究，旨在赋予少数民族语言、汉语方言、手语盲文、繁体

字、异体字、外来语、网络语言文字等非通用语言文字应有的法律地位和支持，从而为实现语言文字的多样化发展提供长期而永续的支持。

"他山之石，可以攻玉"。境外语言文字立法，在确立一种或多种语言的官方语言地位、强化少数族群和特殊人群的语言权利保障、维护语言文化多样性、提供公共语言服务、实现语言文字规范化等诸多方面，发挥了至关重要的作用，其成功的经验或失败的教训值得我们借鉴吸取。基于此，我们对主要代表性国家或地区语言文字立法的现状、特点和利弊得失进行研究，并选译了部分国外法律法规，以期加深对人类语言文字法治发展的认识，为我国语言文字事业的法制建设发掘有益的经验与启示。

国家语言文字事业的科学立法、严格执法、公正司法和全民守法是铸牢中华民族共同体意识不可或缺的文化法制根基，让我们共同努力，在语言文字法研究领域持续深耕，为推动语言文字事业的依宪依法治理、开拓语言文字事业发展新局面贡献智慧和心力。

杨解君

# 目　　录

## 第一编　法国语言文字立法文件

一　94—665号杜彭法案：关于法语使用的法案 ……………………（3）
二　96—602号法令：关于丰富法语的法令 …………………………（10）
三　2015—341号修改法令：关于丰富法语的法令 …………………（15）
四　关于法语和法国方言总署任务的决议 ……………………………（19）

## 第二编　韩国语言文字立法文件

一　国语基本法 …………………………………………………………（25）
二　国语基本法实施令 …………………………………………………（33）
三　国语基本法实施规则 ………………………………………………（44）

## 第三编　美国语言文字立法文件
### （联邦、地方立法及判例）

一　美国联邦语言服务立法 ……………………………………………（51）
　（一）语言医疗服务立法 ……………………………………………（51）
　（二）语言翻译服务立法 ……………………………………………（52）
二　美国联邦语言司法判例（选译）…………………………………（61）
三　美国地方立法 ………………………………………………………（72）
　（一）加利福尼亚州语言文字立法文件（摘译）…………………（72）
　（二）亚利桑那州语言文字立法文件（摘译）……………………（95）

## 第四编　日本语言文字立法文件

文字·活字文化振兴法 ·············································· （99）

## 第五编　新西兰语言文字立法文件

一　1987年毛利语言法案（1991年修订） ················ （105）
二　2006年新西兰手语法案 ···································· （118）

## 第六编　俄罗斯语言文字立法文件

一　俄罗斯联邦官方语言法 ···································· （125）
二　俄罗斯联邦民族语言法 ···································· （130）

## 第七编　加拿大语言文字立法文件

加拿大官方语言法 ·················································· （143）

## 附：相关国际公约（条约、倡议）与欧盟语言宪章

一　保护和促进文化表现形式多样性公约 ················ （171）
二　世界语言权利宣言 ············································ （189）
三　保护和促进世界语言多样性岳麓宣言 ················ （202）
四　普及网络空间及促进并使用多种语言的建议书 ········ （210）
五　欧洲区域或小族群语言宪章 ······························ （216）

后　记 ·································································· （229）

# 第一编
# 法国语言文字立法文件

# 一 94—665号杜彭法案：关于法语使用的法案

（1994年8月4日颁布）

本法依1994年7月29日宪法委员会决议文，经参议院及国民议会决定，由总统颁布实施。条文内容如下：

**第一条**
根据宪法规定，法语是法国国家精神与文化遗产的基本组成部分。
法语是教学、工作、交流与公共服务通用的语言。
法语是联系法语国家共同体的桥梁。

**第二条**
产品或服务的描述、要约、展示、承诺或使用说明、担保范围和条件的说明以及发票和收据，必须使用法语。
《宪法委员会1994年7月29日94—345号决定宣布不符合宪法的规定》适用于所有书面、口头或视听广告。
本条规定不适用于具有代表性的产品以及广为大众所熟知的外国产品。
《商标法》中，关于商标的注册和信息不得与本条第一款及第三款的适用相抵触。

**第三条**
在公共道路、公共场所或公共交通工具上制作或粘贴的任何文字或广告，均应以法语书写。
根据《宪法委员会1994年7月29日94—345号决定宣布不符合宪法的规定》，若第三人张贴在隶属于公法人的物品上的文字或广告违反上述规定，公法人须催告第三方使用者自费并限期改正违法事项。若催告行为无法生效，在考虑到违约的情况下，可以撤销侵权人对财产的使用。

**第四条**

由执行公共服务事务的公法人或私法人张贴或制作的文字说明或广告，涉及第三条，须经翻译，并至少备两份译本。

涉及本法第二条、第三条的一种或数种译文提示、广告及文字说明，法语应与外国语同样易于阅读、听取或理解。

国际运输领域与本法之内容相抵触时，如何适用，依行政法院法令确定。

**第五条**

不论其目的与形式，凡执行公共服务事务的公法人或私法人作为签署一方订立的合同，须以法语拟定；若现存法语中已有关于丰富法语法令条文中所核定的同义词汇或用语，不得包含外文词汇或用语。

上一款不适用于由公法人所签署、完全在境外执行的工业与商业活动合同。

本条所指与一个或多个外方当事人订立的合同，除法文文本外，还可包括一个或多个外文版本。

违反第一款规定订立合同的当事人，不得援用损害对方当事人利益的外文规定。

**第六条**

参与法国境内由法国国籍的自然人或法人所主办的活动、研讨会或会议，应以法语发表演说。会议前或会议期间发送给参与者相关的节目资料，应以法语撰写，并可备一个或数个外文翻译文本。

相关活动、研讨会或会议期间参会者所提交的发言文稿或会议论文，至少应附加法语摘要。

这些条款不适用于只涉及外国人士参与的活动、研讨会或会议，亦不适用于法国为拓展对外贸易而开展的活动。

负责公共服务事务的公法人或私法人在发起涉及本条规定之活动时，应安排现场翻译。

**第七条**

由从事公共服务事务的公法人、私法人，或领取津贴的受益私法人负责出版的学报及论文，若以外文撰写，应至少附上法语摘要。

### 第八条

《就业服务法》第 L. 121—1 条条文最后三款由如下四款取代：

"书面工作合同应以法语撰写。"

"若合同内容所指定的工作项目无相对应的法语词汇时，工作合同应附上该词汇的法语说明。"

"若雇用外籍人士且订立书面合同，可在该受雇者要求下，以其母语翻译合同内容。两种文本具有同样的法律效力。两种文本内容不一致时，以外籍受雇者的母语所撰写的条文为准。"

"若签订的工作合同条款违反本条规定时，雇主不得起诉违反该合同的受雇者。"

### 第九条

《就业服务法》第 L. 122—35 条补增如下条文：

"内部规范以法语撰写。须附上一个或数个外文翻译文本。"

第 L. 122—39 条插入第 L. 122—39—1 条如下条文：

"第 L. 122—39—1 条：任何包含受雇者所应遵守义务的文件，或其为执行工作所必须理解的内容，应以法语撰写。须附上一个或数个外文翻译文本。"

"本条文不适用于由国外寄来或针对外籍受雇者的文件。"

第 L. 122—37 条第一款及第三款中，"第 122—34 条及第 122—35 条条文"改为"第 122—34 条、第 122—35 条及第 122—39—1 条条文"。

《就业服务法》第 L. 132—2 条插入第 L. 132—2—1 条如下条文：

"第 L. 132—2—1 条：就业的集体协议或协定、企业或机构的协议，须以法语撰写；受雇者违反该规定的，外文文本条款不具对抗力。"

### 第十条

第 L. 311—4 条第三款如下：

《劳动法》第 311—4 条规定：用外语起草的文本应符合《宪法委员会 1994 年 7 月 29 日第 94—345 号决定宣布不符合宪法的规定》的要求。

"第三款：若所提供的就业或工作性质并无相对应的法语，须以外文撰写；但法语条文中应提供详细的文字说明，以避免产生第九条第二款的错误。"

"上述两款适用于法国境内签订的劳动合同，也适用于雇主为法国籍并于法国境外签订的劳动合同；即便熟悉一种外国语言为获得此项工作所要求的条件之一。在法国，全部或部分以外文编撰的出版物负责人可接受以该外文编撰的征才广告。"

**第十一条**

法语是教学、考试及竞赛、公立及私立大学博士和硕士论文著写的唯一语言。除非是在教授外国语言或文化，或者教师是外籍教师等必要情况下，才允许使用其他语言。此外，一些特殊的院校，譬如外语院校，向外开放并招收外国学生的院校，或者国际化教学的院校，不受此规定约束。

于1989年7月10日颁发的《关于教育的89—486法案》的第一条的第二款后，编入以下内容：

"教学的一个基本目标便是熟练掌握法语并习得两门外语。"

**第十二条**

于1986年9月30日颁发的《关于自由交际的86—1067法案》第二篇的第一章节之前，编入如下规定第20—1条：

"第20—1条：

不论采取何种广播或者播放方式，所有电台以及电视节目、广告必须使用法语。除非是在电影或者视听影像本身即为原语的情况下，才允许使用外语。

根据本法第28—2条规定，如果音乐作品的歌词全部或者部分为外语，则上述规定不适用于该情况；如果节目、节目中的某部分以及广告中含有外语，或者其目的是外语教学，或者是传播文化礼仪，则上述条例规定不适用于该情况。

当上述条文规定提及的节目或者广告是用外文播送的，必须同时加入法语（字幕或配音），法语应和外语一样清晰可见、可听，易懂。"

**第十三条**

于1986年9月30日颁发的86—1067法案现修改如下：

于该法第24条Ⅱ的第六款后，编入以下条文内容：

"尊重法语语言及法语地区的发展。"

于第28条第4款后，编入如下内容：

"4：以具体的专属条文确保法语语言及法语地区的发展得到尊重。"

于第33条第2款后，编入如下内容：

"2：以具体的专属条文确保法语语言及法语地区的发展得到尊重。"

#### 第十四条

当某商标已存在同种意义上的法语表达，且该表达亦已获得促进法语发展的相关法案的认同时，公法人不得再使用任何外文来表达此生产商标。此禁令同样适用于提供公共服务业的私法人。

在本法实施之前，商标的首次表达可以使用外语，不受上述条款限制。

#### 第十五条

公法人或机构颁发的各种形式的补助金均须基于受补助者尊重、遵守该法的原则。

反之，一经查证，将没收受补助者部分或者全部的补助金。

#### 第十六条

除有权根据《刑事诉讼法法典》执法的公务人员及司法人员之外，《消费法法典》第215—1条中第一、三和四款提及的公务人员同样有权对违反本法第二条的行为作出相应惩处。

基于此，《消费法法典》第213—4条第一款中提及的场所或者移动车辆，第216—1条中提及的相关人员从事相关活动的场所，公务人员有权于日间进入其中并展开调查。除非这些场所同样作为居住地使用。

基于该情况，为了执行公务，公务人员可申请查询相关文件，打印、复印文本，以传唤或当场查证的形式搜集相关资料及证据。

公务人员同样可以提取被最高行政法院明令禁止的一些违规业务或产品作为证物样本。

#### 第十七条

当公务人员根据上述第十六条第一款执法时，任何人不得以直接或间接手段干预，亦不能借口不配合，反之，将根据《刑法》第433—5条第二款对其作出相应的刑事处罚。

#### 第十八条

违反法律规定的行为均将以笔录的形式记录在案。

笔录必须在五日内提交给法兰西共和国检察官，逾期无效。笔录的复印件也应在五日内交予当事人手中。

#### 第十九条

于《刑事诉讼法法典》第2—13条后，编入如下第2—14条：

"第2—14条：所有承诺根据规章维护法语地位并认同最高行政法院

法令的协会，遇到违反 1994 年 8 月 4 日颁发的《关于法语使用的 94—655 法案》的第 2、3、4、6、7、10 条条文的情形，有权执行其相应的民事权利。"

**第二十条**

本法同样作为规范公共秩序的法而实施。

本法一经正式实施，缔结合同均应遵守。

**第二十一条**

本法规定实施时，不得触犯或者违背有关法兰西地区语言保护的相关法律法规。

**第二十二条**

政府于每年的 9 月 15 日之前，必须向议会提交一份关于本法实施情况及法语在国际机构现状分析的报告。

**第二十三条**

本法第二条规定自最高行政法院《关于违反本条规定的法令》公布之日起生效，但不得迟于本法在《政府公报》上公布后十二个月。

本法第三条和第四条的规定，自第二条生效之日起六个月后生效。

**第二十四条**

于 1975 年 12 月 31 日颁发的《关于法语使用的 75—1349 法案》正式废除。其中，本法规定的第二条正式生效后，方可取消 75—1349 法案的第一、二、三条条文；本法规定的第三条正式生效后，方可取消 75—1349 法案的第六条条文。

该法案实施后，效力等同于国家法律。

1994 年 8 月 4 日，于巴黎

本法案签署人员：

法兰西共和国总统，François Mitterrand

总理，Édouard Balladur

国务部长，内政部长，国土规划部部长，Charles Pasqua

国务部长，掌玺大臣，司法部部长，Pierre Méhaignerie

外交部部长，Alain Juppé

教育部部长，François Bayrou

财务部部长，Edmond Alphandéry

基础设施、交通和旅游部部长，Bernard Bosson

劳务、就业和职业培训部部长，Michel Giraud
文化和法语国家部部长，Jacques Toubon
法国政府发言人和预算部部长，Nicolas Sarkozy
高等教育和科研部部长，François Fillon

（赵浠辰译　陈欣校）

# 二　96—602号法令：关于丰富法语的法令

（1996年7月3日颁布）

法国总理，

根据文化部长的报告，

考虑到1994年8月4日关于使用法语的94—665号法令；

考虑到1989年6月2日关于设立法语高级理事会和法语总署的89—403法令；

考虑到法兰西学院1995年10月19日意见；

在收到行政法院（内政部）意见书后，

颁布该法令：

**第一条**

为了丰富法语，扩大法语的使用范围，尤其是在经济生活、科学技术以及法律活动中的使用，旨在提出可作为参考性的新术语和用语来促进法语的传播、提高法语国家的影响力和促进语言的多样性，特设立一个总务委员会和若干专门的术语和新词委员会。

这些委员会应与法语国家和国际组织的术语和新词机构以及标准化机构保持联系。

**第二条**

总务委员会隶属于总理。除主席外，委员会成员还应包括：

（1）法语总代表或其代表；

（2）法兰西学院的常任秘书或其任命的法兰西学院院士，法国科学院常任秘书或其任命的科学院院士；

（3）根据司法部长，外交部长，文化部长，通信部长，国民教育部长，经济部长，工业部长，国家教育、高等教育和研究部长和法语总署署长的提议分别任命10名合格成员；

（4）大学校长会议提议任命1名合格人士；

（5）根据法语高级理事会副主席的提议任命2名合格人士；

（6）标准法语协会主席或由他任命的1名代表；

（7）法国标准协会（AFNOR）主席或其指定代表。

如有需要，总务委员会能得到其主席选派的专家们的帮助。总务委员会的秘书处由法语总署提供，总务委员会的业务费用由法语署承担。

**第三条**

总务委员会主席由总理任命，任期四年。

第二条第一款第（4）项和第（5）项所述总务委员会成员应根据文化部长的命令任命，任期四年。

如果发生主席或成员死亡或辞职，则应在剩余任期内以符合同样条件的人员进行替换。

**第四条**

应根据法语总署署长的意见，由有关部长命令，在每个部级部门设立一个专门的术语和新词专门委员会。

如果出于词汇需要，可以在一个部门内设立几个专门委员会。

在与法语总署署长协商后，有关部长可通过联合命令在几个部门设立一个专门委员会。

法语总署协调各专门术语和新词委员会的工作，并为其传播做贡献。术语和新词专门委员会的业务费用由其所属的行政部门承担。

**第五条**

每一位部长应任命一名高级官员，负责术语和新词，以促进和协调其行政管理范围内的术语和新词活动，并应委托一个中央行政部门来协助此高级官员履行职责，尤其是要确保这些术语的传播和使用。

**第六条**

每个专门的术语和新词委员会包括：

（1）法语总署署长或其代表；法兰西学院的一名代表；如果审查的词汇有专业性要求的还应有科学委员会的一名代表；在词汇特殊性需要的情况下，由相关部长任命的经批准的标准化机构的一名代表；

（2）有关部长指定的行政部门代表；

（3）有关部长任命的合格人员，任期四年。如委员会主席死亡、无行为能力或委员会中一人辞职，则应在剩余任期内以符合同样条件的人员进行替换。

委员会主席应由委员会所属部长任命，任期四年。

每个委员会都可以得到行政官员、根据能力选出的专家、行业代表和使用委员会提供的词汇的用户的特别协助。

**第七条**

在职权范围内，行政当局、术语和新词专门委员会应承担以下任务：

（1）在考虑到所表达的需要的情况下，拟定一份补充法语词汇的清单；

（2）收集、分析和提出必要的术语和短语，特别是那些相当于以外语出现的新术语和短语及其特定含义；

（3）确定拟定的术语、用语和定义与其他术语和标准化机构以及法语国家和以法语为正式语言和工作语言的国际组织的用语和定义相一致；

（4）协助在用户中传播在"公报"上公布的术语、表达方式和定义；还可就与使用法语相关的任何问题向他们征求意见。

**第八条**

总务委员会应审查术语和新词专门委员会主席提交的术语、短语和定义，以确保它们的一致性和相关性。

有关术语和新词专门委员会的主席有权参加讨论其委员会职权范围内的会议。

总务委员会还应审议不属于任何专门委员会职权范围内的某些术语、短语和定义，这有助于传播根据本法令拟定的所有术语和定义，并使公众了解术语的演变。

**第九条**

总务委员会应将其采用的术语、短语和定义提交给法兰西学院。

如果这些术语未列入术语和新词专门委员会区提交给总务委员会的提案中，总务委员在征求法兰西学院的意见后，应将其通知有关部长，后者可在一个月内向总务委员会说明反对公布某些术语、短语或定义的理由。

未经法兰西学院同意，总务委员会提供的术语、短语和定义不得在《官方公报》上公布。如果法兰西学院在提交四个月后未发表意见，则视为同意。

**第十条**

除非部长根据第九条第二款表示反对,否则经法兰西学院核准后,总务委员会应拟定术语、表述和定义清单,并将其转交给《法兰西共和国官方公报》出版。

行政当局应尽可能广泛地分发在《官方公报》中发布的术语清单,清单也应在国家教育部的《官方公报》上公布。

**第十一条**

必须使用官方期刊上的术语和短语来代替外语中的同等用法:

(1) 部级法令、命令、通告和指示,以及国家公共部门和机构发出的任何类型的信函和文件;

(2) 在上述1994年8月4日关于使用法语的法律第五条和第十四条规定的情况下。

总务委员会应观察本条规定的公布术语和短语使用情况。

**第十二条**

根据先前生效的法语强化条例批准的术语和表达清单应与本法令公布的清单相同。可根据本法令第八条至第十条规定的程序对其进行修改。

**第十三条**

作为过渡措施在总务委员会成立后的一年内,根据先前生效的法律核准的清单中所载的术语、短语和定义可由总务委员会主动修订。总务委员会应向法兰西学院提交其打算从先批准的名单中删除的术语和表达方式,它提议增加的补充术语和拟议修正的定义。

未经法兰西学院的同意,不得出版任何修订版。修订后的名单应按照本法令第九条和第十条规定的方式发布。但依第九条规定,法兰西学院四个月内若未发表意见的,则视为同意。

**第十四条**

各术语和新词专门委员会应在每年1月15日之前编写一份年度报告,说明其活动以及在其职权范围内公布的术语、短语和定义的传播和使用情况。

总务委员会综合这些文件,并编写一份关于行政当局为丰富法语而采取行动的年度报告。本报告作为法语总署年度活动的附件。

**第十五条**

1986年3月11日关于丰富法语的86—439号法令被废除。

**第十六条**

司法部长，国家教育、高等教育和研究部长，国防部长，基础设施、住房、运输和旅游部长，外交部长，劳工和社会事务部长，内政部长，经济和财政部长，环境部长，文化部长，工业、邮政和电信部长，农业、渔业和粮食部长，空间规划部长，城市和一体化部长，中小企业、贸易和手工艺部长，公共服务、国家改革和权力下放部长，海外部长，青年和体育部长，预算部长，政府发言人，国务秘书和法语国家事务国务秘书应各自履行本法令规定的职责，该法令将在《法兰西共和国官方公报》上公布。

本法令签署人员：

共和国总理：阿兰·朱佩

文化部，司法部，国家教育、高等教育和研究部，国防部，基础设施、住房、运输和旅游部，外交部，劳工和社会事务部，内政部，经济和财政部，环境部，工业、邮政和电信部，农业、渔业和粮食部，空间规划部，城市和一体化部，中小企业、贸易和手工艺部，公共服务、国家改革和权力下放部，海外部，青年和体育部，预算部，上述各部部长。

（赵浠辰译　陈欣校）

## 三 2015—341 号修改法令：关于丰富法语的法令

（1996 年 7 月 3 日颁布，2015 年 3 月 25 日修改）

面向民众：一切民众。

目的：简化并现代化地丰富法语条文。

生效日期：本法令从颁布之日的次日起生效。

备注：本法令旨在简化并现代化地丰富法语条文。本法令规定，重点修改术语新词总委会的组成和名称，将其重新命名为丰富法语委员会，且以专家组取代国家各部门内成立的术语新词分委会。

参考条文：本法令对 1996 年 7 月 3 日颁发的 96—602 号关于丰富法语的法令进行修改，经修改后的版本可在 Légifrance（http://www.legifrance.gouv.fr）网站上查阅。

法国总理，

根据文化与通信部长的报告，

依据 1994 年 8 月 4 日颁发的 94—665 号关于法语的使用法；

依据修改后的 1989 年 6 月 2 日颁发的 89—403 号法令，内容是组建法语高级委员会，以及法语和法国方言总署；

依据 1996 年 7 月 3 日颁发的 96—602 号关于丰富法语的法令；

依据法兰西学院 2015 年 1 月 16 日发布的意见书，

颁布该法令：

**第一条**

上文中出现的 1996 年 7 月 3 日颁发的法令的第二条到第十三条根据本法令进行修改。

**第二条**

第九条及第十四条第二款，做出如下改动：

"术语和新词总委会"改为"丰富法语委员会"。

第三、九、十及十一条中，"总"不再使用。

**第三条**

原第一条做出如下改动：

1. 第一款中，"术语和新词分委会"改为"丰富法语委员会"；

2. 第二款中，"这些委员会"改为"该委员会"。

**第四条**

第二条改为以下条款：

第二条

丰富法语委员会属总理管理范围。该委员会除委员长外，其他成员包括：

1. 法语和法国方言总署署长或其代表；

2. 法兰西学院的常任秘书或由其指定的某个法兰西学院院士；法兰西科学院的一个常任秘书或由其指定的某个法兰西科学院院士；

3. 一位由法语国家组织秘书长任命的代表；

4. 十位分别由司法部长、外交部长、文化部长、通信部长、国家教育部长、经济部长、工业部长、高等教育部长、研究部长及法语部长提名，经文化部长任命、在业界颇有口碑的知名人士；

5. 两位由法语和法国方言总署长提名，且经文化部长任命、在业界颇有口碑的知名人士；

6. 法国最高视听委员会主任或其代表；

7. 法国标准化协会总会长或其指定的一个代表。

若情况需要，委员会委员长可择能力出色的专家出席委员会会议。

委员会秘书处由法语和法国方言总署管理。

委员会运作支出由法语和法国方言总署承担。

**第五条**

删去原第三条第二款。

**第六条**

原第四条改为以下条款：

"第四条

法语和法国方言总署署长负责丰富法语委员会会议的前期工作。

为此，署长可以就某个议题，在某段期限内召集相关各级政府部门的代表以及能力优秀的知名人士组成专家组，还可以邀请法兰西学院代表参与前期准备工作。"

由署长领导的专家组的主要任务有：

1. 列出没有对应的法语表达，需要填补空缺的情况清单；

2. 对各外国语中新出现的术语或表达，根据其定义，汇集、分析及提出对应的备选法语术语和表达方法。

**第七条**

原第五条改为以下条款：

"**第五条**

所有部长都需任命一位术语和法语高级官员，来促进及协调本部门管理范围内丰富法语的各行动。部长还应调配其部门内的一个科室去协助该高级官员完成其工作，更重要的是，监督已经公布术语的传播程度和使用情况。"

每位术语和法语高级官员是其所属部门之间与法语和法国方言总署署长之间的联络员。

术语和法语高级官员加入专家组，参与涉及其所属部门分管领域的准备工作。其主要任务有：

——筛选可能加入专家组工作的知名人士；

——监督专家组中是否有相关组织部门的参与；

——在认为议题需要专家组的时候，提出组建专家组的建议。

另外，还应该接受任何有关法语使用问题的咨询。

**第八条**

取消原第六条及第七条。

**第九条**

原第八条改为以下条款：

"**第八条**

丰富法语委员会检查法语和法国方言总署署长指陈的，或是委员会自己指陈的术语、表达和定义。"

当一个专家组提出的术语，表达或者定义在接受委员会审查时，该组可指定一位组员出席委员会会议。

当有涉及各术语和法语高级官员所属部门分管领域的术语接受委员会审查时，高级官员需出席委员会会议。

该委员会协调委员会和其他术语、新词和标准化组织，以及其他以法语为官方语言或工作语言的法语国家和国际组织共同提出的术语、表达和定义。

该委员会要竭尽所能促进一切依照本法令编写的术语、表达和定义的传播，并向大众宣传术语学对法语进步的重要贡献。

**第十条**

原第九条中，删除"若各部门内成立的术语新词分委会向总委会提出的意见并不包含这些"这一款。

**第十一条**

原第十二条中参考第八条的内容改为参考第七条。

**第十二条**

原第十三条做如下改动：

1. 删去该条第一款；
2. 该条第二款中"该总委会"改为"丰富法语委员会"。

**第十三条**

原第十四条做如下改动：

1. 该条第一款中"术语新词分委会"改为"术语及法语高级官员"；
2. 该条第二款中"法语总署"改为"法语及法国方言总署"。

**第十四条**

依据原法令第二条第（5）项规定被任命的丰富法语委员的任期延长至与其他委员一致。

**第十五条**

文化和通信部部长负责本法令的执行。本法令将于 2015 年 3 月 25 日在法兰西共和国《政府公报》上公布实施。

本法令签署人员：

共和国总理，Manuel Valls

文化和通信部部长，Fleur Pellerin

（赵浠辰译　陈欣校）

# 四 关于法语和法国方言总署任务的决议

(2009年11月17日颁布)

文化和通信部部长,

依据1994年8月4日94—665号法令关于法语使用的规定;

依据1987年6月15日87—389号法令关于中央政府行政部门组织的规定;

依据1989年6月2日89—403号法令修改设立高级法语顾问以及法语总署;

依据1996年7月3日96—602号法令关于丰富法语的规定;

依据2009年11月11日2009—1393号法令关于文化与通信部的职责以及中央政府组织的规定;

依据2009年9月3日中央政府联合技术委员会的通知,

做出如下决定:

**第一条** 依据2012年12月17日决议第一条修订

总体任务

法语和法国方言总署隶属于文化部长之下,引导并协调各项公共政策,旨在确保法语的使用、应用及丰富化。法语和法国方言总署为各项语言政策提供专业意见,确保语言政策实施,并支持促进这些目标的私人机构。

总署负责将法语及法国方言载入文化政策中,推动其实施,鼓励对其保护并推进其增加效益。

总署负责将语言的掌握载入文化政策中,并为各项计划的部际实施提供专业意见,以加强社会各界对法语的掌握。

总署引导、协调并评估由文化部下属各行政部门及总署监管下的各部门所倡导的政策,推动法语发展及语言多样化。总署与中央各部一起实施国家行动,旨在推动多语制、强化法语在法语国家的地位,并加强欧洲乃至世界的语言多样化程度。

**第二条** 依据 2012 年 12 月 17 日决议第二条修订

机构

法语和法国方言总署下设:

——法语使用及传播部门;

——法语发展和丰富部门;

——语言掌握及领土行动部门;

——方言及数字化部门;

——敏感事件及公共发展部门;

——综合事务及财务办公室。

总署总代表有权管理总署的整个组织机构,并由一位副代表辅助其工作。

**第三条** 法语使用及传播部门

——与政府各部门及相关组织协同保证与法语使用相关的文本的实施,尤其是 1994 年 8 月 4 日 94—665 号关于法语使用的法令,并据此法向国会起草年报;

——落实或鼓励在社会生活各领域中有利于法语发展的活动,以及旨在推动多语制的活动;

——协助世界各地及国际组织内发展法语的机构;

——参与推动欧洲以及世界语言的多样性,尤其促进翻译的发展。

**第四条** 法语发展和丰富部门

——与合作机构协同鼓励和协调部际丰富法语的工作部署,并保证术语及新词总委员会的秘书工作,传播其成果;

——保证法语在标准化组织的文件以及信息通信技术中的使用及传播;

——参与欧洲层面的术语合作活动;

——与相关机构协同,为与政治语言质量相关以及语言评价相关的活动做贡献。

**第五条** 依据 2012 年 12 月 17 日法令第三条修订

方言及数字化部门

——协助推动数字技术为语言政策服务，尤其是在法语的使用、丰富及掌握方面，并促进多语制的发展；

——为文化部、其他政府部门以及国内外计划中相关部门所倡导的数字化政策中的语言关键问题提供专业意见；

——确保熟悉观察工具，衡量各语言在数字化世界中的定位，并使其增值。

**第六条** 法国方言部门

——推动法国方言发展与增值；

——协调文化部内部各项与法语及法国方言语料的保存、建立和传播相关工作；

——通过政府部门及补充研究阶层的比赛，保证对语言实践的观察。

**第七条** 依据 2012 年 12 月 17 日决议第四条修订

敏感事件及公共发展部门

——落实文化部及其下属组织关于推广法语及语言多样化的活动；

——与总署各部门协调发展信息工具；

——参与文化部内外交流活动中与法语和法国方言相关的领域。

**第八条** 综合事务及财务办公室

综合事务及财务办公室与文化部秘书长协同管理总署的人力、预算、物资及信息。

**第九条** 生效时间

此决议自 2010 年 1 月 13 日起生效。

**第十条** 废除

废除 2003 年 9 月 11 日颁布的《关于法语和法语方言总署的决议》。

**第十一条** 实施

法语和法国方言总署负责推行此决议。此决议将在法兰西共和国的官方报纸上发表。

2009 年 11 月 17 日于巴黎

弗雷德里克·密特朗

（赵浠辰译　陈欣校）

# 第二编
# 韩国语言文字立法文件

# 一　国语基本法

2005 年 1 月 27 日颁布
2005 年 7 月 28 日生效
现行版本：2013 年 3 月 23 日生效
法规编号：法律第 11690 号
关于韩国官方语言使用和推广的法律

## 第一章　总则

**第一条**　（目的）
该法旨在推动国语使用，为国语发展和保护奠定基础，发展国民的创造性思维，提升其文化生活质量，促进民族文化发展。

**第二条**　（基本理念）
国家和国民必须认识到语言是民族的第一文化遗产，是文化创造的原动力，必须积极致力于国语发展，以确立民族文化的本体，保全国语并使之传于后世子孙。

**第三条**　（定义）
本法中使用的术语，定义如下：
1. "国语"，是指大韩民国通用语言韩国语。
2. "韩国文字"，是指标记国语的韩国固有文字。
3. "语文规范"，是指根据第十三条经过国语审议会审议制定的文字拼写法、标准语规定、标准发音法、外来词标记法、国语的罗马字标记法等国语使用规范。
4. 国语能力，是指以国语听、说、读、写的方式来正确表达自己的想法或感受的能力。

**第四条** （国家和地方政府的职责）

①国家和地方政府应主动应对语言使用环境的变化，致力于保护和发展国语，例如努力提高国民的国语能力、保护地方方言等。

②国家和地方政府必须制定并实施相应政策，确保由于精神上或身体上的缺陷使用语言困难的国民能够正常使用国语。

**第五条** （与其他法律的关系）

除其他法律作出特殊规定的情况外，国语的使用和普及相关事宜均应遵从本法。

## 第二章　国语发展基本规划的制定等

**第六条** （国语发展基本规划的制定）

①为了国语的发展和保护，文化体育观光部长官应每隔五年制定执行国语发展基本规划（以下简称"基本规划"）。

②文化体育观光部长官在制定基本规划时，需依据第十三条的规定经国语审议会审议。

③基本规划应包括以下各项内容：

1. 国语政策的基本方向和目标；
2. （国语）语文规范的制定和修订方向；
3. 提高国民的国语能力和改善国语使用环境的方案；
4. 国语政策和国语教育的关联；
5. 国语价值的推广及国语文化遗产保护的事宜；
6. 国语的海外普及；
7. 国语的信息化；
8. 南北语言统一方案；
9. 帮助由于精神上或身体上的缺陷使用语言困难的国民和居住于国内的外国人减少因国语使用带来的不便；
10. 推动民间领域以国语发展为目的的活动；
11. 其他有关国语使用、发展及保护的事项。

**第七条** （实施计划的制订）

①文化体育观光部长官应制订并实施以落实基本规划为目的的具体计

划（以下简称"实施计划"）。

②文化体育观光部长官在实施计划的制订和实施过程中，必要时可另请相关的国家机关、地方政府、受《公共机构运营法》管制的公共机构、其他依法成立的特殊法人（以下统称"公共机构"）的最高负责人予以协助。

**第八条** （报告）

政府应每隔两年在所属年度定期国会召开之前向国会提交有关国语发展和保护的政策以及相关施行结果的报告书。

**第九条** （调研等）

①文化体育观光部长官可以搜集国语政策制定所需的国民国语能力、国语意识、国语使用环境等方面的资料，或实施相关调研。

②文化体育观光部长官在根据上述第一款规定搜集资料或实施调研时，可以要求国家机关及国语相关法人、组织等提供相关资料或陈述意见。

③关于国语能力、国语意识、国语使用环境等情况的调研相关事宜按照总统令规定执行。

**第十条** （国语责任官的指定）

①国家机关和地方政府负责人有权从所属公务员中任命国语责任官掌管国语发展和保护相关事务。

②按照以上第一款任命国语责任官以及界定其职权范围时，相关事宜须遵循总统令规定。

## 第三章　国语使用的推广和普及

**第十一条** （语文规范的制定等）

文化体育观光部长官应根据本法第十三条制定语文规范，其内容经由国语审议会审议通过后在公报上告示。该项规定同时适用于语文规范的修改。

**第十二条** （语文规范的影响评价）

①文化体育观光部长官须评价语文规范给国民国语使用带来的影响及语文规范的现实性、合理性等，并将其结果体现到政策里。

②按照上述第一款规定实施评价时，其内容、方法、时期等事项须遵

循总统令规定。

**第十三条** （国语审议会）

①为了审议有关国语发展和保护的重要事项，在文化体育观光部设立国语审议会（以下简称"国语审议会"）。

②国语审议会审议如下事项：

1. 关于制定基本规划的事宜；

2. 关于语文规范的制定及修改的事宜；

3. 文化体育观光部长官交予会议审议的其他有关国语发展和保护的事项。

③国语审议会由包括1名委员长和1名副委员长在内的60名以内的委员构成。

④委员长和副委员长由委员内部选举产生。委员由文化体育观光部长官从国语学、语言学及具备相关领域专业知识的人士中委任产生。

⑤为了审议上述第二款事宜，可在国语审议会下另设立分科委员会。

⑥第一款国语审议会的组建及管理相关事宜应依据总统令执行。

**第十四条** （公文写作）

①公共机关的公文须使用符合语文规范的韩文书写。但总统令另有规定的，可以在括号里另外标注汉字或其他外国文字。

②关于公共机关公文撰写所需韩文相关的其他事项遵循总统令。

**第十五条** （国语文化的推广）

①文化体育观光部长官必须积极利用报纸、广播电视、杂志、网络和电子显示屏推进国语宣传和教育事业，扩大国语文化影响。

②报纸、广播电视、杂志、网络等大众媒体应积极参与推动国民正确使用国语。

**第十六条** （加快国语信息化）

①文化体育观光部长官应积极推动各项事业，加速实现国语信息化，以丰富国语的知识库和信息库，推动基于国语知识库和信息库的新文化创造。

②国家应制定和实施必要政策，以方便国民在网络及远程信息通信服务等信息通信网络平台上使用国语。

③依据《信息通信网络使用推广和信息保护相关法》第二条第三款提供信息通信服务的运营商应采取必要措施，以排除国民在享受服务时因

使用国语而遇到的语言障碍。

**第十七条**　（术语的标准化等）

国家应对各领域的国语术语进行标准化和体系化管理并予以普及，以方便国民使用。

**第十八条**　（教材类图书的语文规范遵守事宜）

教育部长官在编撰、验证及认定《中小学教育法》第二十九条规定的教材类图书时，应遵守语文规范，必要时也可就此问题和文化体育观光部长官进行协商。

**第十九条**　（国语的普及等）

①国家应针对想要学习国语的外国人和符合《侨胞的出入境规定及法律地位相关法》条件的侨胞，开展必要的国语普及事业，如开发相关课程和教材、培养专家等。

②文化体育观光部长官可以对有意教授侨胞或外国人国语的教师给予资格认定。

③依上述第二款实施资格认定时，相关的资格条件和资格认定方法等有关事宜应遵循总统令规定。

**第十九条之二**　（世宗学堂财团的设立等）

①为了有效普及作为外语和第二语言的韩国语，国家设立世宗学堂财团（以下简称"财团"）。

②财团实行法人制。

③财团高级管理人员包括理事长、理事及监事。财团高级管理人员的定员、任期、选聘方法等相关事宜依章程而定。高级管理人员的任免由文化体育观光部长官决定，但文化体育观光部长官须事先与教育部长官进行协商。

④财团可依据章程规定聘用职员。

⑤财团开展下列各项业务：

1. 指定作为外语或第二语言教授国语和韩国文化的教育机构为世宗学堂，并对其提供经费补助；

2. 开发和运营在线世宗学堂，开展作为外语或第二语言的国语和韩国文化教育；

3. 普及世宗学堂的标准韩国语教育课程及教材；

4. 培养、培训及派遣世宗学堂韩国语教师；

5. 以世宗学堂为平台的文化教育和宣传；

6. 国语作为外语或第二语言获得推广所需的其他业务。

⑥为保障财团顺利开展上述第五款的各项业务，必要时国家可以依据总统令成立并运营由相关中央行政机关公务员和相关组织专家组成的世宗学堂政策协会。

⑦财团的设立、设施及运营等所需经费可以在预算范围内获得国家财政的资助。

⑧财团可依总统令开展营利性业务，以筹备上述第五款各项业务所需经费。

⑨法人、个人及组织可以向财团捐赠资金或其他形式的财产，用以资助财团的运营或财团开展的业务等。

⑩财团除适用本法和《公共机构运营法》之外，还适用于《民法》中有关财团法人的规定。

**第二十条** （韩文日）

①为向国内外宣传韩国文字的独创性和科学性，增强国民对自己文字的热爱，政府将每年的 10 月 9 日定为韩文日，并举办纪念活动。

②上述第一款纪念活动的相关事宜遵循总统令规定。

**第二十一条** （对民间组织活动的财政补助）

国家和地方政府可以在预算范围内，对以发展和普及国语为目的的法人、组织等给予财政补助。

## 第四章　国语能力的提高

**第二十二条** （以提高国语能力为目的的政策等）

①国家和地方政府要尽力保障国民公平获得提高国语能力的机会，制定实施以提高国语能力为目的的政策。

②为了保障上述第一款政策的执行效率，可以组建并运营协商机制以联络各相关的中央行政机关。

③上述第二款协商机制的组建和运营相关事宜须遵循总统令规定。

**第二十三条** （国语能力的测评）

①为提高国民国语能力、推动创造性语言生活，文化体育观光部长官可以对国民的国语能力实施测评。

②有关上述第一款国语能力测评的具体方法、程序、内容以及时机等事项遵循总统令。

**第二十四条** （国语文化院的指定等）

①文化体育观光部长官可以把合乎总统令要求的、具备专业力量和设施的国语相关专业机构、组织以及符合《高等教育法》第二条的学校附属机构等指定为国语文化院，帮助国民提高国语能力，解答关于国语的疑惑。

②国语文化院的运营所需部分经费可以获得总额不超过规定预算的国家财政补助。

③被指定为国语文化院的机构因未能维持专业能力和设施而无法继续履行国语文化院的职能时，文化体育观光部长官有权撤销指定。

④上述第一款中国语文化院的指定方法等相关事宜遵循总统令规定。

## 第五章　补充条款

**第二十五条** （协商）

中央行政机关负责人在制定或修改涉及国语使用的法规时，须事先和文化体育观光部长官协商。

**第二十六条** （听证）

依据第二十四条第三款，文化体育观光部长官撤销对国语文化院的指定前，须事先听证。

**第二十七条** （授权、委托）

①文化体育观光部长官可以依据总统令规定，将部分权限授权至特别市市长、广域市市长、道知事以及特别自治道知事。

②文化体育观光部长官可依照总统令规定把部分业务委托给相关机构、组织等。

附则<第11690号，2013.3.23.>

**第一条** （施行日）

①本法自公布之日起施行。

②省略

**第二条至第五条**　省略

**第六条** （其他法律的修订）

①至<253>省略

<254>国语基本法部分内容修订如下：

第十八条以及第十九条之二的第三款，"教育科学技术部长官"均改为"教育部长官"。

<255>至<710>省略

**第七条**　省略

（李善译　许勉君校）

# 二　国语基本法实施令

2005年7月28日生效

现行版本：2015年12月31日生效

法规编号：总统令第26839号

**第一条**　（目的）

本实施令以规定《国语基本法》的委任事宜和实施事宜为目的。

**第二条**　（调研的具体事宜等）

①根据《国语基本法》（以下简称"基本法"）第九条实施的调研内容包含以下各项：

　　1. 听、说、读、写等国民国语水平相关事项；

　　2. 敬语、外来语、外语、标准语以及方言使用意识等国民的国语意识相关事项；

　　3. 国语使用环境包括以下相关各项：

　　甲．国民的听、说、读、写等情况；

　　乙．国民的敬语、外来语、外语、标准语以及方言等使用情况；

　　丙．报纸、广播电视、杂志、网络等大众媒体的语言使用情况；

　　丁．歌曲、电影、广告、企业名称、商标等语言使用情况。

②文化体育观光部长官实施了上述第一款所规定的调研的，应将其结果进行公示，并反映至根据基本法第六条制定的国语发展基本规划（以下简称"基本规划"）。

③文化体育观光部长官可以委托国语相关专业机构或组织代为完成第一款规定的部分调研工作。

**第三条**　（国语责任官的职责以及任命事宜）

①根据基本法第十条第一款规定，中央行政机关和其下属单位的负责人以及地方政府负责人应指定所辖单位中的宣传部长或职责相当于宣传部长的公务员为国语责任官，并将该指定事实通报于文化体育观光部长官。

②国语责任官应履行下列义务：

1. 拟定并普及便于理解的术语，鼓励使用标准文本，以促进国民对任职机关所实施政策的理解；

2. 制定并实施措施，以帮助任职机关所实施政策的适用人群改善国语使用环境；

3. 制定并实施措施，以提高在职机关工作人员的国语能力；

4. 协调机关之间的国语以及国语相关业务。

③中央行政机关及其下属单位的负责人以及特别市市长、特别自治市市长、广域市市长、道知事、特别自治道道知事（以下简称"市长道知事"）应每年1次向文化体育观光部长官汇报所属国语责任官为了国语的发展和保护而开展的业务情况及其内部考核结果；市长、郡守、区厅长（指辖区政府的区长，下同）应每年1次向市长道知事汇报所属国语责任官为了国语的发展和保护而开展的业务情况及其内部考核结果。

**第四条** （语文规范影响评价）

①依据基本法第十二条第二款开展的语文规范影响评价的内容如下：

1. 语文规范对国民使用国语产生的影响：

甲．国民对语文规范的必要性和重要性的认可情况；

乙．语文规范对国民使用国语带来的变化程度。

2. 语文规范的现实性与合理性：

甲．国民对语文规范的意识以及接受程度；

乙．国民对语文规范的满意度。

②文化体育观光部长官在选择语文规范影响评价调查对象时应尽量确保调查对象的所在地区、年龄、性别、职业和学历等均衡分布。

③文化体育观光部长官在制定或修改语文规范时，应预先进行语文规范影响评价。

④文化体育观光部长官可以委托学术组织、调研机构或符合《高等教育法》第二条的高校（以下简称"高校"）完成部分语文规范影响评价工作。

**第五条** （国语审议会委员的任期）

依基本法第十三条第一款组建的国语审议会(以下简称"国语审议会")组成委员的任期为2年。

**第五条之二** (国语审议会委员的免职)

国语审议会的委员若发生以下各项中任何一种情况,文化体育观光部长官可以免除该委员的委员职务:

1. 身心障碍导致无法继续履行职务的;

2. 有职务相关的违法事实的;

3. 玩忽职守、有损形象或者由于其他原因被认定为不适合履行委员职务的;

4. 委员自己表示难以继续履行职务的。

**第六条** (国语审议会的会议)

①国语审议会在文化体育观光部长官或国语审议会委员长认为有必要时召集,会议应有超过半数在任委员出席,决议须经超过半数出席委员同意方为通过。

②第一款国语审议会的运营等相关事宜由文化体育观光部长官决定。

**第七条** (邀请有关机关予以配合)

国语审议会在履行职务的过程中,必要时可以邀请有关机关、组织或相关领域专家配合提供资料或意见或出席会议等。

**第八条** (分科委员会)

①依基本法第十三条第五款设立分科委员会的,分科种类和各分科审议事项划分如下:

1. 语言政策分科委员会:

甲. 基本规划相关事项;

乙. 提高国民的国语能力和改善国语使用环境的相关事项;

丙. 国语对外普及的相关事项;

丁. 国语信息化的相关事项;

戊. 其他不属于其他分科委员会审议范围的事项。

2. 语文规范分科委员会:

甲. 韩文书写规范相关事项;

乙. 标准语规定以及标准发音法相关事项;

丙. 外来语及外来语的韩文标记相关事项;

丁. 罗马文标记法等国语的外文标记规则相关事项;

戊. 有关汉字的字形、读音及意义的事项；

己. 语文规范影响评价相关事项。

3. 国语纯化分科委员会：

甲. 纯化国语相关事项；

乙. 专业术语标准化的相关事项。

②第1款各项的分科委员会由包括1名委员长在内的15名以上30名以下的委员组成。

③国语审议会的委员原则上只能担任1个分科委员会的委员，但必要时可以兼任2个以上分科委员会的委员。

④分科委员会的委员长由分科委员会委员内部选举产生。

⑤分科委员会的会议在文化体育观光部长官或分科委员会委员长认为有必要时召集，会议应有超过半数在任委员出席，决议须经超过半数出席委员同意方可通过。

**第九条** （干事和书记）

①国语审议会和各分科委员会各设1名干事和1名书记岗位。

②干事和书记由文化体育观光部长官从文化体育观光部公务员中选任。

**第十条** （津贴等）

有关部门可以在预算范围内向出席国语审议会和分科委员会会议的委员以及相关专家支付津贴和交通费。

**第十一条** （公文写作以及韩文的使用）

依基本法第十四条第一款公共机关撰写公文时允许在括号内标注汉字或外文的情况如下：

1. 以准确表达意思为目的时；

2. 使用高难度或者生僻的专业术语或新词时。

**第十二条** （术语的标准化等）

①为了促进基本法第十七条的术语标准化和体系化，各中央行政机关应设立由5—20名委员组成的术语标准化协会。该协会成员由机关的国语责任官以及相关领域专家和公务员组成。

②中央行政机关的负责人对所管辖部门相关业务术语进行标准化和体系化时，应经上述第一款中的术语标准化协会和文化体育观光部长官逐层审议。

③文化体育观光部长官依据上述第二款收到术语标准案的，应将其交由国语审议会进行审议并根据审议结果对标准案予以确认，之后再将确认函回复给中央行政机关的负责人。收到确认函的中央行政机关负责人应将其予以公示。

④中央行政机关的负责人应积极将上述第三款公示的术语应用于所管辖部门的法令（法规）制定或修订、教材编写、公文撰写以及国家主管考试的出题等。

⑤对于学术组织、社会组织等民间组织送交审议的术语标准案，文化体育观光部长官可经由国语审议会审议后予以确认并公示。

**第十三条** （韩国语教师资格的授予等）

①根据基本法第十九条第二款，以侨胞或外国人为对象讲授国语的教师（以下简称"韩国语教师"）的资格条件如下：

1. 一级韩国语教师

符合下面第二项中任何一项条件的人，在取得二级韩国语教师资格后，在本条第二款中的机构或组织担任教师达 5 年以上且以外语讲授韩国语（以下简称"韩国语教学经验"）、总课时达 2000 小时以上的人员；

2. 二级韩国语教师

甲．主修或第二专业为对外韩语教育专业，修满附表 1 中规定各领域必修学分，并取得学士学位；另，外籍人士欲获得二级韩国语教师资格时，除了满足前述学历条件以外，还须额外参加资格考试（考试的种类和成绩要求以及成绩有效期由文化体育观光部长官决定并予以公示）；

乙．2005 年 7 月 28 日前本科入学，主修或第二专业为对外韩语教育专业，且修完附表 1 第 3 号和第 5 号中规定各领域的课程获得相应合计不低于 18 学分，而其中至少 2 学分以上应为第 3 号中各领域课程，并取得学士学位；

丙．2005 年 7 月 28 日前考入《高等教育法》第二十九条规定的大学院（即研究生院，以下简称"大学院"），学习对外韩语教育专业，且修完附表 1 第 3 号和第 5 号中规定各领域的课程获得相应学分合计不低于 8 学分，而其中至少 2 学分以上应为第 3 号中各领域课程，并取得硕士学位；

丁．符合下面第 3 项中甲、丙、丁、戊中任何一目，在取得三级韩国语教师资格后，在本条第二款中的机构或组织担任教师达 3 年且韩国语教学经验总课时达 1200 小时以上；

戊．符合下面第 3 项中乙、己、庚中任何一目，在取得三级韩国语教师资格后，在本条第二款中的机构或组织担任教师达 5 年且韩国语教学经验总课时达 2000 小时以上；

3. 三级韩国语教师

甲．辅修对外韩语教育专业，修满附表 1 中规定各领域必修学分，并取得学士学位；另，外籍人士欲获得三级韩国语教师资格时，除了满足前述学历条件以外，还须额外参加资格考试（考试的种类和成绩要求以及成绩有效期由文化体育观光部长官决定并予以公示）；

乙．修完韩国语教师培养课程附表 1 中规定的各领域必修课时数后，参加第十四条规定的韩国语教育能力测评考试成绩合格的；

丙．2005 年 7 月 28 日前本科入学，主修或第二专业为对外韩语教育专业，并且修完附表 1 第 3 号和第 5 号中规定各领域的课程获得相应学分合计 10—17 学分（其中至少 2 学分以上应为第 3 号中各领域的课程）后，取得学士学位；

丁．2005 年 7 月 28 日前考入大学院（硕士研究生）对外韩语教育专业，并且修完附表 1 第 3 号和第 5 号中规定各领域的课程获得相应学分合计 6—7 学分（其中至少 2 学分以上应为第 3 号中各领域的课程）后，取得硕士学位；

戊．2005 年 7 月 28 日前本科入学，辅修对外韩语教育专业，并且修完附表 1 第 3 号和第 5 号中规定各领域的课程获得相应学分合计不低于 10 学分（其中至少 2 学分以上应为第 3 号中各领域的课程）后，取得学士学位；

己．2005 年 7 月 28 日以前，在第二款第一项至第三项规定的机构或组织等的韩国语教学经验积累总课时数达到 800 小时以上的，或参加韩国语世界化财团（依《民法》第三十二条，在文化体育观光部长官的许可下成立）主管的韩国语教育能力测评考试且成绩合格的；

庚．2005 年 7 月 28 日以前参加并结束韩国语教师培训课程的学习或者虽于 2005 年 7 月 28 日以后结束学习但注册日期为 2005 年 7 月 28 日以前的人中，于 2005 年 7 月 28 日以后参加第十四条规定的韩国语教育能力测评考试且成绩合格的；

②根据第一款要求进行韩国语教师资格认证的过程中，能够获得韩国

语教学经验认可的机构或组织如下：

1. 开设对外韩语课的国内（韩国）高校以及高校附设机构、相当于国内高校的海外高校以及高校附设机构；

2. 开设对外韩语课的国内外小学、中学、高中；

3. 实施对外韩语教育的国家、地方政府或外国政府机关；

4. 依《在韩外籍人士待遇基本法》第二十一条规定，被授权开展外国人政策项目的非营利法人或非营利组织；

5. 《外交部及其管辖机关编制》第五十五条中的文化院以及《关于在外国民教育补助的法律》第二十八条中的韩国教育院；

6. 文化体育观光部长官通过文化体育观光部令公示的能够计入韩国语教学经验的其他机构。

③文化体育观光部长官应按照第一款规定对韩国语教师资格的申请人进行资格审核，以决定是否对其授予资格。

④申请人依上述第三款获得资格认证的，文化体育观光部长官应根据文化体育观光部令的规定向其签发附件第一号格式（含电子版）的韩国语教师资格证。

⑤第一款至第四款规定中韩国语教师资格的审查次数、程序、方法以及其他相关事宜由文化体育观光部令规定。

**第十三条之二**（高校等机构的课程设置以及科目的确认）

①正在运营或计划运营韩国语教育领域学位课程的高校或大学院（研究生院）和正在运营或计划运营韩国语教师培养课程的机构（以下简称"高校等"），可向文化体育观光部长官申请审核附表1中各领域科目、必修学分以及必修课时数的恰当性。

②文化体育观光部长官在收到高校等依第一款提出的恰当性审核申请时，应核定其恰当与否。课程设置和科目等被核定为恰当时，文化体育观光部长官可以在获得相应高校等的同意后公开其审核结果。

③依第一款开展的审核程序等相关具体事项遵循文化体育观光部令。

**第十四条**（对外韩国语教学能力测评考试的实施）

①为了提高对外韩语教学质量，文化体育观光部长官应每年组织实施1次以上的对外韩国语教学能力测评考试。

②文化体育观光部长官在组织实施依据上述第一款的对外韩国语教学能力测评考试（以下简称"对外韩国语教学能力测评考试"）时，应至

少于考前 90 天内公示对外韩国语教学能力测评考试的具体时间和地点。

③对外韩国语教学能力测评考试的范围和测评方法见附表 2。

④对外韩国语教学能力测评考试的合格标准是，笔试各单科成绩均不低于 40%、全科总分不低于 60%，并且通过面试。

⑤文化体育观光部长官可以将对外韩国语教学能力测评考试的出题、承办、阅卷、管理等相关事务委托符合如下各项条件的相关专业机构或组织：

1. 应为非营利法人；
2. 应具备承办对外韩国语教学能力测评考试所需的人力资源和设施；
3. 应具备与对外韩国语教学能力测评考试相关的专业性。

⑥采用不正当的手段应考或考试过程中作弊的，勒令停止考试或作成绩无效处理，并且从处分之日起 3 年内禁止其再度应考。

⑦笔试成绩有效期为 2 年，即笔试成绩合格者若未能在当年通过面试，则合格当年的下一年度可免予笔试。

⑧对外韩国语教学能力测评考试的应考人应缴纳由文化体育观光部长官决定的考试报名费用。

⑨对外韩国语教学能力测评考试的报名费、报名费退还规定以及其他对外韩国语教学能力测评考试运营所需的细则由文化体育观光部长官制定并予以公示。

**第十四条之二**（世宗学堂政策协议会的成员）

①基本法第十九条之二第六款的世宗学堂政策协议会（以下简称"协会"）由包括 1 名委员长在内的共 12 名以内的委员组成。

②协会的委员长（以下简称"委员长"）由文化体育观光部第一次官（相当于常务副部长）担任，委员由以下各项规定的人员担任：

1. 教育部国际合作官、外交部文化外交局长以及文化体育观光部文化政策官；
2. 委员长从韩国语教育相关组织的在编人员中根据性别比例等因素予以委任的人员；
3. 删除<2014.12.23>

③依据第二款第二项获委任的委员，任期 2 年。

④为了处理协议会日常事务，协议会聘任干事 1 名，该干事同时担任

文化体育观光部国语政策课长①。

**第十四条之三**（协议会的运营）

①委员长应根据选定的会议议案召集相关委员并主持会议。

②必要时，委员长可以邀请相关专家出席会议听取意见或提出建议。

③除上述第一款和第二款规定的事项以外，协会运营所需的其他事项由文化体育观光部长官决定。

**第十四条之四**（世宗学堂财团的营利性业务）

基本法第十九条之二第一款规定的世宗学堂财团根据基本法第十九条之二第八款规定开展营利性业务的，应预先向文化体育观光部长官提交营利性业务计划书以逐项报批。该规定同样适用于已获批营利性业务的变更情况。

**第十五条**（韩文日纪念活动）

①政府可以借基本法第二十条第一款规定的韩文日纪念活动召开之时，嘉奖为韩文和国语发展作出重大贡献的个人或组织，向其授予"韩文发展有功者"荣誉，并向为韩国文化推广作出突出贡献的个人或组织授予"世宗文化奖"。

②上述第一款中"韩文发展有功者"的奖励遵循《赏勋法》规定，世宗文化奖的授予则遵循《政府表彰规定》。除此之外，奖项类别、数量以及其他必要事项由文化体育观光部长官决定。

**第十六条** 删除

**第十七条** 删除

**第十八条**（国语能力的测评方法）

①依据基本法第二十三条第一款开展的国语能力测评的考察领域如下：

1. 听；
2. 说；
3. 读；
4. 写；
5. 其他使用国语所需能力。

②文化体育观光部长官可以将国语能力测评考试的出题、承办、阅

---

① 相当于处长。

卷、管理等相关事务委托符合如下各项条件的相关专业机构或组织：

1. 应为非营利法人；

2. 应具备承办国语能力测评考试所需的人力资源和设施；

3. 应具备与国语能力测评考试相关的专业性。

③文化体育观光部长官或上述第二款的国语能力测评考试的承办机构或组织实施了国语能力测评考试的，应将测评结果通知考生或开放平台让考生自行确认测评结果。

**第十九条**（国语文化院的指定等）

①根据基本法第二十四条第一款，被指定为国语文化院的机构应具备如下各项条件：

1. 在职人员应包含下面各目的咨询专家：

甲．1 名全职负责人：在国语国文学①、国语教育学或语言学等专业领域拥有博士学位或至少博士结业，或者在高校的国语相关院系及其附设研究所和顾问机构、国语相关组织或学会等担任教学、研究、顾问或其他职务逾 8 年；

乙．2 名以上全职顾问：在国语国文学②、国语教育学或语言学等专业领域拥有硕士学位，或者在高校的国语相关院系及其附设研究所和顾问机构、国语相关组织或学会等担任教学、研究、顾问或其他职务逾 6 年。

2. 配备咨询室、行政室、通信设备等能够提供咨询服务的设施。

②想要被指定为国语文化院的机构应备齐附件第 2 号格式的国语文化院指定申请书和下面各项资料，向文化体育观光部长官提出申请：

1. 国语文化院运营计划书；

2. 近 3 年的相关业绩资料。

③被指定为国语文化院的机构应于每年 1 月 31 日前向文化体育观光部长官汇报上一年度的咨询业绩。

**第二十条**（身份识别信息的处理）

文化体育观光部长官（含依第十四条第五款受托对外韩国语教学能力测评考试的出题、承办、阅卷、管理等相关事务的专业机构或组织）在履行下面各项职能的过程中，必要时，可以根据《个人信息保护法施行令》第十九条第一、二、四项规定，处理包含住民登录号（身份证

---

① 韩国语言文学。

② 韩国语言文学。

号)、护照号或外国人登录号等个人信息的文件:

1. 依基本法第十九条第二款以及本令第十三条履行的韩国语教师资格授予相关职能;

2. 依第十四条履行的对外韩国语教学能力测评考试相关事务。

**第二十一条** (限制规定的修改)

文化体育观光部长官应从2015年7月1日起,每隔3年(指每隔3年的7月1日前)对第十四条第六款对外韩国语教学能力测评考试禁止应考的条款进行评估,并根据结果对其予以调整。

**附则**<第26839号,2015.12.31.>

**第一条** (实施日)本令自公布之日起实施。

**第二条** (格式改版的过渡措施)本令施行之前的格式在本令施行之日起3个月内仍可同本令规定的格式一起使用。

(李善译　许勉君校)

# 三　国语基本法实施规则

2005 年 7 月 28 日生效
现行版本：2015 年 12 月 31 日生效
法规编号：文化体育观光部令第 241 号

**第一条**　（目的）
本规则旨在规定《国语基本法》及其实施令的委任事宜和实施事宜。

**第二条**　（韩国语教师资格的具体审查标准）
审查韩国语教师资格申报材料时，应根据附表中的具体审查标准，评定各领域科目、必修学分以及必修课时数是否符合《国语基本法实施令》（以下简称"令"）第十三条第一款中附表 1 的要求。

**第二条之二**　（关于对外韩国语教学经验认可机构的公示问题）
文化体育观光部长官根据令第十三条第二款第六项选定对外韩国语教学经验认可机构予以公示的，应依照第四条第一款规定，事先通过韩国语教师资格审查委员会的审议。

**第三条**　（韩国语教师资格的审查次数及公告）
①令第十三条第三、四款规定的韩国语教师资格审查原则上每年实施 2 次，但文化体育观光部长官出于对韩国语教师供需情况的考虑，认为有必要时，可以适当增减审查次数。
②文化体育观光部长官在根据第一款实施韩国语教师资格审查时，应至少于实施日前 30 日，将韩国语教师资格审查程序相关事宜公告于文化体育观光部官网主页等。

**第四条**　（韩国语教师资格审查委员会的委员组成和运营）
①文化体育观光部长官应在文化体育观光部组建韩国语教师资格审查

委员会(以下简称"委员会"),以审议下面各项是否符合规定:

1. 令第十三条第一款规定的各领域科目、各领域必修学分及必修课时数;

2. 令第十三条第二款第六项规定的对外韩国语教学经验认可机构的认定;

3. 令第十三条第三款规定的韩国语教师资格;

4. 此外,与授予韩国语教师资格相关的、文化体育观光部长官认为有必要经委员会审议的事项。

②委员会由11名以内的委员组成,其中包含1名委员长。

③委员会的委员长由委员内部选举产生。委员会的委员由文化体育观光部长官从具备韩国语教育领域专业知识的人和文化体育观光部公务员中委任产生。

④按照上述第三款产生的委员任期2年,且连任仅限1次。若出现委员辞职等需要重新委任委员的情况,接任委员的任期为前任委员的剩余任期。

⑤委员会的委员若发生以下各项中任何一种情况时,文化体育观光部长官可以免除该委员的委员职务或直接予以开除:

1. 身心障碍导致无法继续履行职务的;

2. 有职务相关的违法事实的;

3. 玩忽职守、有损形象或者由于其他原因被认定为不适合履行委员职务的;

4. 委员自己表示难以继续履行职务的。

⑥委员会的会议应有超过半数在任委员出席,决议通过须经超过半数出席委员同意。

⑦除第一款至第六款中规定的事项之外,其他关于委员会运营的事宜由委员长经委员会决议而定。

**第五条** (韩国语教师资格认证申请等)

①想要依据令第十三条规定获得韩国语教师资格认证的、符合下面各项条件的申请人,应备齐附件第1号格式的韩国语教师资格认证申请书(含申请书电子版)及以下对应项规定的材料(含电子版),向文化体育观光部长官提出申请。此时,韩国语教师培养课程结业证明遵循附件第2号格式;对外韩国语教学经验证明遵循附件第3号格式。

1. 符合令第十三条第一款第一项资格条件的申请人：对外韩国语教学经验证明。

2. 符合令第十三条第一款第二项资格条件的申请人：毕业证（或学位证）和成绩证明。此项中，若申请人为外籍时，还应提交令第十三条第一款第二项甲目中规定的考试成绩证明。

3. 符合令第十三条第一款第二项乙目和丙目资格条件的申请人：毕业证（或学位证）和成绩证明。

4. 符合令第十三条第一款第二项丁目和戊目资格条件的申请人：对外韩国语教学经验证明。

5. 符合令第十三条第一款第三项甲目资格条件的申请人：毕业证（或学位证）和成绩证明。此项中，若申请人为外籍时，还应提交令第十三条第一款第三项甲目中规定的考试成绩证明。

6. 符合令第十三条第一款第三项乙目资格条件的申请人：韩国语教师培养课程结业证明和令第十四条规定的韩国语教育能力测评考试合格证明。

7. 符合令第十三条第一款第三项丙、丁、戊目资格条件的申请人：毕业证（或学位证）和成绩证明。

8. 符合令第十三条第一款第三项己目资格条件的申请人：对外韩国语教学经验（仅限以对外韩国语教学经验为资格认可条件的申请人）或韩国语教育能力测评考试合格证明（仅限韩国语世界化财团主管的韩国语教育能力测评考试中成绩合格的申请人）。

9. 符合令第十三条第一款第三项庚目资格条件的申请人：韩国语教师培养课程结业证明和令第十四条规定的韩国语教育能力测评考试合格证明。

②文化体育观光部长官在收到申请人依据第一款规定提交的认证申请时，应经由委员会审议后，审定申请人是否具备韩国语教师资格。

③已根据令第十三条第四款领取了韩国语教师资格证的人，因证件丢失或损坏等原因需要补办资格证的，应向文化体育观光部长官提交附件第4号格式的韩国语教师资格证补办申请（含电子版）。

**第六条** （高校等机构专业及课程设置的确认）

①正在运营或计划运营韩国语教育领域学位课程的高校或大学院（研究生院），根据令第十三条之二第一款，向文化体育观光部长官，申

请审核令附表1中各领域科目的恰当与否的，应提交附件第5号格式的韩国语教育科目确认申请（含电子版）；申请审核令附表1中各领域必修学分的恰当与否的，应提交附件第6号格式的韩国语教育课程确认申请（含电子版）。

②正在运营或计划运营韩国语教师培养课程的机构，根据令第十三条之二第一款，向文化体育观光部长官，申请审核令附表1中各领域必修学分的恰当与否的，应提交附件第7号格式的韩国语教师培养课程确认申请（含电子版）。

**附则** <第241号，2015.12.31.>

**第一条** （实施日）

本规则自公布之日起实施。

**第二条** （格式改版的过渡措施）

本规则实施之前的格式在本规则实施之日起3个月内仍可同本规则规定的格式一起使用。

附表1

韩国语教师资格认证所需的各领域必修学分以及必修课时数（第十三条第一款）

| 序号 | 领域 | 科目列举 | 高校各领域必修学分数 主修或第二专业 | 高校各领域必修学分数 辅修 | 研究生各领域必修学分数 | 韩国语教师培养课程必修课时数 |
| --- | --- | --- | --- | --- | --- | --- |
| 1 | 韩国语学 | 国语学概论、韩国语音韵论、韩国语语法论、韩国语词汇论、韩国语意义论、韩国语语用论、韩国语语文规范等 | 6学分 | 3学分 | 3—4学分 | 30小时 |
| 2 | 语言学及应用语言学 | 应用语言学、语言学概论、对比语言学、社会语言学、心理语言学、外语习得论等 | 6学分 | 3学分 | | 12小时 |

(续表)

| 序号 | 领域 | 科目列举 | 高校各领域必修学分数 主修或第二专业 | 高校各领域必修学分数 辅修 | 研究生各领域必修学分数 | 韩国语教师培养课程必修课时数 |
|---|---|---|---|---|---|---|
| 3 | 对外韩语教育论 | 韩国语教育概论、韩国语教育课程论、韩国语评价论、语言教育理论、韩国语表达教育法（说、写）、韩国语理解教育法（听、读）、韩国语发音教育论、韩国语语法教育论、韩国语词汇教育论、韩国语教材论、韩国文化教育论、韩国语汉字教育论、韩国语教育政策论、韩国语翻译论 | 24学分 | 9学分 | 9—10学分 | 46小时 |
| 4 | 韩国文化 | 韩国民俗学、韩国现代文化、韩国传统文化、韩国文化概论、传统文化现场实习、韩国现代文化批评、现代韩国社会、韩国文化的理解等 | 6学分 | 3学分 | 2—3学分 | 12小时 |
| 5 | 韩国语教学实习 | 参观课堂、模拟课堂、教学实习等 | 3学分 | 3学分 | 2—3学分 | 20小时 |
|  | 合计 |  | 45学分 | 21学分 | 18学分 | 120小时 |

附表2
韩国语教育能力测评考试领域以及测评方法（第十四条第三款）

| 领域 | 分数 |  | 时间 | 方法 |
|---|---|---|---|---|
| 附表1的第1项 | 90 | 120分 | 100分钟 | 笔试 |
| 附表1的第2项 | 30 | | | |
| 附表1的第3项 | 150 | 180分 | 150分钟 | |
| 附表1的第4项 | 30 | | | |
|  | 300分 |  | 250分钟 | |
| 口语考试 | 合格/不合格 |  |  | 面试 |

(李善译　许顺福校)

# 第三编
# 美国语言文字立法文件
# （联邦、地方立法及判例）

# 一　美国联邦语言服务立法

## （一）语言医疗服务立法

**健康和安全法典§127410（Health & Safety Code § 127410）通知患者折扣支付和慈善关怀政策**

（2008年1月1日起生效）

（一）各医院应向患者提供书面通知，该通知应包含医院支付折扣和慈善关怀政策，关于这些政策申请资格的信息，以及相关医院员工或办公室的联系方式，以进一步获取关于这些政策的更多资料。除根据第1339.585节提供的评估外，还应提供该书面通知。该通知应提供给接受紧急或门诊治疗、可能需要支付费用但未入院的患者。该通知应以英语以及除英语以外的语言提供。提供的语言应以类似于《保险法典》第12693.30节所规定的方式确定。本条要求提供给患者的书面通知，应以患者自己所使用的语言提供，并符合《保险法典》第12693.30节和适用的相关州和联邦法律。

（二）关于自费病人财务要求的政策通知应当明确、清楚地张贴在公众可见的地方，包括但不限于所有以下内容：

（1）急诊科（如有）；

（2）计费办公室；

（3）接收办公室；

（4）其他门诊的设置。

## （二）语言翻译服务立法

### 1978 年法庭口译员法案

1978 年法案为联邦法庭口译员的资格认证提供了立法依据，并规定经认证合格的人员应受聘于联邦诉讼程序之中。

资格考试相关情况参见附录 2。

92 STAT. 2040

公法 第 95—539 条 1978 年 10 月 28 日

法庭口译员法案

（公法第 95—539 条是由第 95 届国会通过的法案）

为了在美国联邦法庭更为高效地聘用口译员及其他目的，制定本法。

本法案由美利坚合众国国会参议院和众议院制定并通过。本法案可引为"法庭口译员法案"。

第 2（a）节：经修订，于《美国法典》第 28 编第 119 章后附下列新节：

"§ 1827. 美国联邦法庭口译员"

"（a）美国联邦法院行政管理局局长应设立程序促进在美国联邦法庭中聘用口译员。

"（b）局长应就可在美国联邦法庭双语诉讼和涉及听力障碍（无论同时是否语言障碍）诉讼中提供合格口译服务的人员的资格做出规定、决定和认证，同时考虑上述人员的教育、培训和经验，局长应掌握经认证合格的口译员的最新名册，并就口译服务申请频率、口译员聘用情况及效果做年度报告。局长应制定口译员服务费明细表。

"（c）美国联邦地区法院均应对认证口译员名册在法庭书记处予以存档。该名册由美国联邦法院行政管理局局长根据本节（b）小节设立的认证程序确定。认证口译员包括双语口译员和服务于听力障碍（无论同时是否语言障碍）的口语或手语译员。

"（d）在美国联邦地区法院由国家提起的刑事或民事诉讼（包括起诉人以国家名义提起的签发人身保护令的申请）中，主审法官在美国法院行政管理局局长协助下，应利用最易于获得的认证口译员服务，无认证口译员可合理提供服务的，应利用其他可胜任的口译员。主审法官或一方当事人（包括刑事案件中的被告人）提出该项动议的，该当事人或在该诉讼中提供证人证言的证人应具备以下条件：

（1）只说或主要说英语之外的其他语言的，或者，

（2）有听力障碍（无论是否同时有语言障碍）的，

以便约束该当事人对诉讼程序的理解或与律师及主审法官的交流，及约束该证人对问题的理解和对证人证言的陈述。

"（e）（1）口译员不能与主审法官、美国联邦检察官、一方当事人（包括刑事案件中的被告人）或证人有效交流的，主审法官应解除对该口译员的指定，并根据本节规定指定其他口译员提供服务。

"（2）在联邦地区法院审理的刑事或民事案件中，主审法官不按本节（d）小节规定指定口译员的，需要口译服务的个人可求助该法庭书记员或美国法院行政管理局局长，以便获得认证口译员的帮助。

"（f）（1）按本节（d）小节规定，有权获得口译服务的任何个人（证人除外）均可全部或部分放弃该项权利。放弃该项权利的生效须获主审法官批准，并经该个人咨询律师后做出明示并记录在案。该个人做出该明示前，主审法官应向其解释该个人有权利用最易于获得的认证口译员服务及经决定无认证口译员可合理提供服务时利用其他可胜任口译员的服务，以及放弃该项权利的性质和影响。

"（2）个人按该小节第（1）段规定放弃上述利用口译员服务权利的，可选择利用未经认证的口译员提供的服务。该未经认证口译员的酬金、开支与费用应依照指定口译员的该种酬金、开支与费用的支付方式进行支付。指定口译员指根据本节（d）小节规定由法官指定的口译员。

"（g）（1）除本小节或本编第1828节另有规定外，口译员根据本节（d）小节规定提供服务产生的薪水、酬金、开支和费用，应由美国联邦法院行政管理局局长从联邦司法机关所获财政拨款中支取。

"（2）由政府方面的证人做证产生的该项薪水、酬金、开支和费用，除按本小节第（3）段规定另有指示外，应由司法部长从司法部所获财政拨款中支取。

"（3）主审法官可依照其自由裁量权指示该项薪水、酬金、开支和费用的全部或部分由当事人分摊或按民事诉讼费用予以征收。

"（4）按本小节规定收集的款项可用于偿付为支付该项服务支取的专

项拨款。

"（h）在美国联邦法庭诉讼中，由主审法官设立、确定或批准从联邦司法机关所获财政拨款中支付口译员的薪酬和开支的，主审法官不得设立、确定或批准超出最大许可限额的薪酬和开支。该最大许可限额按照本节（b）小节规定的服务费明细表确定。

"（i）本节及本编 1828 节所用术语'主审法官'包括美国联邦地区法院法官、联邦司法官及破产法官。

"（j）本节及本编第 1828 节所用术语'美国联邦地区法院'包括依《国会法案》在一定地域设立，并根据本编第 132 节规定拥有联邦地区法院地域管辖权的法院。

"（k）认证口译员根据本节规定提供口译应采用连续传译方式，但主审法官决定其他方式有助于高效司法审判的，经有关各方当事人同意，可批准采用同声传译或概括翻译方式。主审法官判定特殊口译服务有助于高效司法审判的，依主审法官或一方当事人提出动议，可命令提供本编第 1828 节规定的特殊口译服务。"

"§ 1828. 特殊口译员服务

"（a）美国联邦法院行政管理局局长应就在美国联邦地区法院由国家提起的刑事或民事诉讼（包括起诉人以国家名义提起的签发人身保护令的申请）提供特殊口译服务设立程序。该程序应提供在多被告的刑事诉讼及多被告的民事诉讼中的同声传译服务。

"（b）未列入（a）小节可提供特殊口译服务的诉讼中的当事人提出口译服务请求的，经主审法官批准后，局长可按照 1951 年 8 月 31 日法案第 501 节（65 Stat. 290 第 5 编第 376 章；《美国法典》第 31 编 483a）规定的价格向该请求人提供有偿口译服务，但局长可按照口译服务估计费用要求请求人提前支付。

"（c）除本小节另有规定，由本节第（a）小节中提供翻译服务产生的费用应由局长从联邦司法机关所获财政拨款中支取。主审法官根据其自由裁量权，可命令全部或部分费用应由诉讼当事人分摊，或应按民事诉讼费用予以征收。任何由该命令征收的款项可用于偿付为支付该项服务支取的专项拨款。

"（d）局长所获拨款应用于提供（b）小节规定的口译服务，且局长按照该小节规定征收的款项可用于偿付为支付该项服务支取的专项拨款。

主审法官根据其自由裁量权,可命令全部或部分费用应由诉讼当事人分摊,或应按民事诉讼费用予以征收。

(d)经修订,在《美国法典》第28编第119章的分节目录表结尾附上如下内容:

"§ 1827. 美国联邦法庭口译员"

"§ 1828. 特殊口译员服务"

第3节:按以下方式修订《美国法典》第28编第604(a)节:

(a)删去第10段,并插入如下内容代替原内容:

"(10)(A)为政府司法部门(不包含联邦最高法院,除第17段另有规定)购买、交换、转让、分发并分配法律书籍、设备、物资及动产;(B)根据本编第1828节规定,向各法院提供庭审口译的专用设备或使其方便使用该设备;及(C)在局长视作政府司法部门(不包含联邦最高法院,除第17段另有规定)办理该项工作所需的合适期限内签订并履行合同,并办理其他手续。取得预审服务机构、庭审口译及本编第1828节规定下提供特殊口译服务类的非个人服务合同,无须遵守修订后的《美国联邦法律总汇》3709节(《美国法典》第41编第五章)";

(b)第(13)段标为第(17)段;且

(c)在第(12)段后插入以下新段:

"(13)根据本编第1827节规定,就美国联邦法庭口译员的资格认证及聘用设立程序;

"(14)根据本编第1828节规定,就美国联邦法庭提供特殊口译服务设立程序;

"(15)(A)根据口译员需求,局长认为适合的地区,由法庭授权招聘全职或兼职认证口译员,(B)根据口译员需求,局长认为适合的地区,并认定通过指派提供口译服务更为经济时,可指派全职或兼职认证口译员为不同法庭提供口译服务;及(C)向法庭口译员支付相应的薪水、酬金、开支及根据本编第1827节及第1828节规定产生的其他费用。

"(16)局长可依据其自由裁量权,(A)同意并使用志愿的、无薪酬(免费)的服务,包括《美国法典》第5编第3102节所授权的服务;且(B)同意、主持、管理并利用动产的赠与和遗赠,以协助或推动政府司法部门的工作,但是金钱的赠予或遗赠应归入国库。"

第4节:经进一步修订,在《美国法典》第28编第604节第(e)

小节后插入以下新小节：

"（f）局长可制定、公布、发行、撤销并修改履行局长职能、权利、职责及职权所需的规章制度（包括行政管理局职员行为准则的规定）。局长可在联邦公报公布该规章制度，并在认定其与公共利益相关时应向政府司法部门发出通知；局长在此有权接受并应在联邦公报上公布该文件。

"（g）（1）局长被授权交换动产时，可交换或出售相似物品，并在此情况下申请全额或部分支付所获财产的交换津贴或销售收入，但本小节权限内采取的任何交易均应出具书面证明。

"（2）局长在此有权签订10年以内使用公共设施服务及相关终端设备的合同。"

第5节：《美国法典》第28编第602节修订如下：

"§602. 职员

"（a）局长应根据第51章及第五编第53章第3小节有关分类及普通等级工资标准的规定，决定行政管理局所有职员的薪酬水平。

"（b）尽管其他法律有所规定，局长仍可根据本编第604（a）（15）（B）节规定指派认证口译员，无须参考第51章及第5编第53章第3小节有关分类及普通等级工资标准的规定。但是根据604（a）（15）（B）节规定，指派口译员的薪酬应适当低于第五编第5335节规定的普通等级中最高等级应得最高薪酬的同等水平。

"（c）局长可以以适当低于第五编第5335节规定的普通等级中最高等级应得最高薪金同等水平的工资标准，获得第五编第3109节授权的个人服务。

"（d）行政管理局其他官员与员工的所有职能与行政管理局组织机构的所有职能均归属局长。局长可将任何局长职能、权利、职责及职权（除了公布规章制度的职权）下放给局长指定的并符合其预期条件的政府司法部门官员与员工。局长只要认为合适，可持续下放该职能、权利、职责及职权。该官员与员工的所有行为应与局长本人行为具有同等效力。"

第6节：经修订，将《美国法典》第28编第603节第2段删去。

第7.7节：经修订，将《美国法典》第28编第1920节第（5）段结尾删去，插入一个分号，并在第（5）段后插入以下新段：

"（6）法庭指派专家薪金、口译员薪金及本编第1828节规定的特殊口译服务的薪水、酬金、开支及费用。"

第 8 节：废止 1950 年 9 月 23 日法案第 5（b）节（公法 86—370, 73 Stat. 645）。

第 9 节：实施本法案的修订所需的资金下拨至政府司法部门。

第 10.（a）节：除非（b）小节另有规定，本法案应于颁布之日起生效。

（b）本法案第 2 节应于本法案颁布之日起 90 天后生效。

第 11 节：任何根据本法案或本法案所作修订达成的合同不应超过拨款法案预先规定的程度或数量。

1978 年 10 月 28 日通过。

## 1988 年法庭审口译员法修订案

《法庭口译员法案》（1978）颁布十年后，在 100—702 号公法中进行了几项修订。《司法改良正义法》（H. R. 4807，第七章，第 701—712 条，修订 28 U. S. C. § 1827）于 1988 年 11 月 19 日生效。[来源：美国联邦法院行政管理局（the Administrative Office of the U. S. Courts，AO）于 1989 年 5 月 12 日发布的通函]

第七章——法庭口译员修订

**第 701 条**  简称

该法案名为《法庭口译员修订案》（1988）

**第 702 条**  行政管理局职权

第 1827 节（a）修订如下：

"(a) 美国联邦法院行政管理局应设立项目，以此推动美国司法程序中使用拥有法庭口译合格证或通过其他方式认证的合格口译员。"

**第 703 条**  口译员的认证；其他合格口译员

第 1827 节（b）修订如下：

"(b)（1）当行政管理局局长认为听力障碍者（不论是否同时是言语障碍者）以及非英语使用者或主要使用的语言为非英语者在美国司法程序中有资格获得口译服务，局长应当规定、决定并对可能成为认证口译员的人员进行资格认证。

若行政管理局局长认为有必要使用某一语种译员，局长可认证任意语种译员的资格。按照美国司法会议对某语种认证译员的请求，该管理局应当认证该语种译员的资格。

在巡回区司法委员会的请求和司法会议的许可下，该管理局应对巡回区司法委员会所请求的语种译员进行认证。巡回区司法委员会应当明确并评估巡回区对于译员的需求。

行政管理局局长应当根据标准参照表现考试的结果对译员进行认证。局长应当在《司法改良正义法》实行后的一年之内发布规章条例以实施此条款。

"（2）只有当无法合理按照分节（d）的规定使用认证的译员，包括无法按照第（1）段对某种特定语言的译员进行认证时，才能使用通过其他方式认证合格的译员。行政管理局局长应当向法院挑选其他方式认证合格的译员提供指导方针，以确保在适用本章规定的所有司法程序中译员翻译内容尽可能准确。

"（3）行政管理局局长应当持有当前所有的认证的译员和其他合格译员的名单，并定期汇报在美国发起的司法程序中使用认证译员和其他合格译员的情况以及他们的表现和译员认证的语言。

行政管理局局长应当根据定期审查的情况，为认证译员或其他合格译员在美国司法程序中提供的服务制定合理的价目表，同时在此过程中应当考虑其他政府机构同类服务的现行付费标准。"

**第704条** 译员名单；保证译员的服务质量的责任

第1827节修订如下：

"（1）美国的每一个区政府的书记员办公室以及每一个美国联邦检察官都应当将所有经行政管理局局长根据本节第（b）分节认证的译员名单存档。书记员应当能够按照请求为司法程序提供服务的认证译员汇成一份名单。

"（2）法院的书记员或者由法官指定的其他法院雇员应当负责保证美国司法程序中认证译员和其他合格译员的服务，美国联邦检察官负责为政府的证人寻找译员的情况除外。"

**第705条** 录音

第1827节（d）修订如下：

重新将第（1）段和第（2）段分别命名为第（A）分段和第（B）分段。

将"（1）"插入（d）之后；并加在下面一段的末尾处：

"（2）在当事一方的请求下，主审法官应当决定是否对按照本节规定使用译员的司法庭审进行电子录音。做此决定时，该主审法官应该考虑译员的资格以及之前的庭审口译经验，需要进行的口译的语言是否为译员经行政管理当局认证的语种，庭审程序的复杂性和长度等。在大陪审团庭审程序中，根据被告人的请求，主审法官应当要求对使用译员部分的庭审程序进行电子录音。"

**第706条** 拨款授权；译员服务报酬

第1827节（g）条修订

（a）段（1），（2），（3）修订如下：

"（g）（1）这些款项都由联邦法官授予，且报酬由美国联邦法院行政管理局局长发放/支付，该笔金额应该用于推动聘用持有合格证书或有资格的译员的项目，或者是符合本节和《司法改良正义法》的规定，除非段落（3）另有规定的必要资金。

"（2）本节规定的实施视能否获取授权的资金来开展本节的目的而定。

"（3）至于政府证人（包括大陪审团调查程序的证人）所需的薪酬、酬金、开支和花费，除非段落（4）另有规定，应该由司法部长/总检察长从划拨给司法部的款项中支付。

（b）将段落（4）调整为段落（5），并在段落（3）与段落（5）之间插入内容，具体如下：

"（4）任何人在任何案件中请求依照（b）小节的规定不提供口译服务的，当司法部长要求时，书记员或主审法官指派的法庭其他工作人员，在可能的情况下应为其提供此类服务，费用由其偿还，但是法官也可以要求其预先支付提供此类服务所需的估算费用。"

**第707条** 补偿和费用的审批

第1827（h）节修订如下：

"（h）主审法官应批准应付给口译员的补偿和费用，依照美国联邦法院行政管理局局长在（b）（3）分节中规定的收费价目表。

**第708条** 定义

1827节中的（i）分节和（j）分节修订如下：

"（i）分节中的'主审法官'指的是美国州地方法院的任何一位法

官,包括破产法官,地方治安法官,以及在联邦检察官主持的大陪审团程序中的联邦检察官。

"(j)分节中的'美国联邦提起的诉讼程序',是指在美国地区法院进行的,或根据美国地区法院的合法授权和管辖权进行的所有程序,无论是刑事还是民事,包括预审和大陪审团程序(以及根据亲属以美国名义提出的人身保护令申请程序)。本分节中的'美国地方法院',包括根据国会法案在某一地区设立的、被赋予本标题第五章规定的地区法院中的有管辖权的任何一家法院。

**第 709 条** 同声传译

第 1827(k)节修订如下:

"(k)依照本节的规定,持有合格证书或者有资格的译员提供的口译服务,对美国政府提起的诉讼程序涉及的各方应为同声传译,对证人的口译应为交替传译;除非主审法官自发要求或应当事方的请求,在听取听证会记录后判定该类型的口译有助于提高司法裁决的效率,可授权译员进行同声传译或交替传译。主审法官如果认为特殊口译服务有助于提高司法裁决的效率的,或应参加诉讼的官员或当事方的要求,主审法官可以命令依照 1828 节中本条款的规定,提供特殊口译服务。"

**第 710 条** 专门修订

第(a)1872 节修订如下:

(1)删除"有能力的",以"有资格的"替换之。

(2)删除"任何罪犯"以及所有与"原告"相关的词,以"美国联邦政府提起的诉讼程序"替换之。

(3)删除"这种行为",以"此类诉讼程序"替换之。

(b)1872 节(e)(2)段的修订删除"美国地方法院受理的刑事或民事诉讼",以"美国联邦政府提起的诉讼程序"替换之。

**第 711 条** 对现行体制的影响

不得对本条款中的内容进行推理解释来终止或削弱口译员认证的现行机制。

**第 712 条** 生效日期

本法令自颁布之日起生效。

(赵军峰等译 程思校)

## 二 美国联邦语言司法判例（选译）

1980年塞尔策和托雷斯·卡塔赫纳诉弗利等人案
（Seltzer & Torres Cartagena v. Foley）

塞尔策和托雷斯·卡塔赫纳诉弗利等人一案对联邦西班牙语资格认证测试本身提出了质疑。法官米尔顿·波拉克（Milton Pollack）支持该测试，并就制定该测试的理由、方法以及测试考察的内容引发了精彩的辩论。

原告要求法庭对美国联邦法院行政管理局局长执行宣告式判决和禁令，禁止后者以测试为基准认证美国法院的西班牙语或英语口译员，他用这种测试来评判申请者是否有获得认证的资格。原告提出该要求的主要原因是这一受管制的测试旨在考察申请者某方面的语言能力，但这种能力与双语口译员在法庭中常会面临的状况毫无联系，评分标准不精确且无效，而且没有将对"教育水平，训练程度以及经验状况"进行考量的法定义务纳入考量因素之中。原告是两名独立顾问，多年为法官和律师提供高质量的西班牙语/英语口译服务。两名原告曾两次参加笔试都未能通过。

法庭于1978年11月14日拒绝了原告对临时禁制令的申请并在当天举行初步禁止令的听证会及此案庭审。被告提交的证据证实该测试是由专家精心制定，符合应当实现的法定目的，与法庭状况有合理联系且管理公平；在被告依照《1978年法庭口译员法案》，以及《美国法典》第28编第1827章及以下章款行使其法定授权的过程中，其程序并非武断且多变的。

聆讯和庭审结束时，法庭根据规则[①] 52（a）就原告要求的内容做出

---

[①] 这里的规则，是指《美国联邦法院民事诉讼规则》。

了基本的事实认定书，拒绝了原告的禁令申请并驳回起诉。法庭根据规则 58 做出判决，该判决和之后的补充及意见一并予以备案。

### 判决

起初，被告以缺乏事项管辖权和对人管辖权为由请求法庭驳回起诉。本案中原告寻求的法律救济既非证书也不是金钱赔偿，而只是一份说明被告的行为与成文法不符的声明，一项废除证书的禁止令（该证书根据测试成绩进行认证且迄今为止仍在使用）以及一项要求被告遵循《法庭口译员法案》制定新的证书项目的强制性禁令。

政府主张对该诉讼案件在程序上享有司法豁免权和主权豁免权的理由在这里似乎并不适用。本案并未对任何司法职能或司法事实进行干涉或提出质疑。此外，根据大量案件的判决可知，即便对法官而言，豁免权也无法覆盖到禁令性救济。[个人诉纽约市律师协会案 544 F. 2d 534, 537（2d Cir. 1997）。] 如果指控的内容得到了证实，主权豁免权中有两处例外可适用于本案。"这两处例外是：（1）官员的行为超出了其法定权利，和（2）即便行为在其权力范围内，这种权利本身或者行使权力的方式在宪法中是无效的。"杜根诉讼兰克案 372 U. S. 609（1962 年）。

在起诉中，原告指控一名政府官员违反了宪法，剥夺了原告正当程序的程序性自由利益，从而在联邦法庭事项管辖权的范围内提出了一个实质性联邦法律问题。《美国法典》第 28 编第 1331 章（1980 年修订）；贝尔诉胡德案，327 U. S. 678（1976 年）。

政府进一步声称，法庭缺乏对被告的对人管辖权，并且《美国法典》第 28 编第 1391（e）章并未赋予本案原告将纽约南区作为该诉讼案审判地的权利。政府将此案类比于解放通讯社诉伊斯特兰案，并以此为依据发表了上述言论。在解放通讯社诉伊斯兰特案中，受到起诉的是 10 名美国参议员和参议院首席法律顾问，没有任何纽约公民。上诉法院的判决认为，国会的立法意图是第 1391（e）章只适用于行政部门。法庭陈述如下：

第 1391（e）章所适用的美国官员或雇员为同一类根据第 1361（e）章规定的可能被迫向被告履行义务的官员或雇员。

政府认为法庭认定第 1391（e）章不适用于国会官员的判决也同样适用于司法官员，正如在 1979 年杜普朗提尔诉美国案中第五巡回法庭的判决一样。在该案中，由于缺乏对人管辖权，对司法会议司法伦理委员会、法官爱德华·艾伦塔姆、委员会主席以及所有美国法庭的书记员发起的一项诉讼被驳回，理由是第 1391（e）章不适用于这些履行"司法行政职能"的司法人员。

原告对该案判决的回应是双重的。他们呼吁人们注意一个事实，那就是尽管做出了如上判决，第五巡回法庭依然准许原告继续对美国和司法部长发起诉讼以便法庭根据事实作出裁决。原告表示驳回第 1391（e）章规定的对人管辖权的裁决"很可能对原告的诉讼至关重要，因为原告有限的资源使其很难在华盛顿提起上诉。"

原告就对人管辖权发表的第二个观点，是被告及其行政管理局发挥的纯粹的管理职能而非司法职能。

如果说联邦法院目前应对管理事务的这一部门与司法体系完全无关，那也是有违公正的。弗利先生负责的是"美国法院的行政管理局"，根据《美国法典》第 28 编第 601、604 章规定，管理局由国会组建并授权。根据《美国法典》第 28 编第 1827（a）章，由管理局局长认证的口译员将在"美国法庭"担任口译。认证译员需要直接参与法庭对司法事务的处理。毋庸置疑，管理局局长需要履行司法管理职能，为联邦法庭处理司法事务认证译员。美国司法会议的委任者，法官塔姆在遵照《1978 年政府道德法》（《美国法典》第 28 编第 1301 章及以下）制作申报表，发布必要章程以及受理美国联邦法官成员财务报告等方面履行的职能也同样具有司法管理意义。

在庭审中，政府撤回并放弃了起初提出的法庭缺乏对被告的对人管辖权的异议，但仅限于本诉讼案，无损于任何其他事宜。

**适当的认证程序**

原告对法庭口译员认证程序的指责有以下三点：

1. 原告指责根据测试第一部分，也就是写作水平测试筛选申请者的这一决定；

2. 原告指责这个笔试本身所测试的内容过时且深奥，都是双语口译员在联邦法庭审判程序中不会碰到的问题，并且；

3. 原告声称某些申请者不正当地获得了更加优厚的待遇和地位。

**相关法规**

法案于 1978 年通过，旨在将法庭口译员的挑选和任命系统化，并指导行政管理局设计认证程序。

a. 美国联邦法院行政管理局局长应当制定程序促进在美国联邦法庭中聘用口译员。

b. 管理局局长应对能够在美国法庭双语审判以及涉及听力障碍（无论是否有语言障碍）的审判中提供服务的认证译员需具备的资格加以规定、判定和认证，并在此基础上，掌握最新认证口译员的名册并每年汇报一次译员的受邀频率、口译表现和效率。管理局局长还应为译员提供的口译服务制定费用明细表。

《美国法典》第 28 编第 1827 章

行政管理局局长在对能够在美国法庭双语审判中提供服务的认证译员需具备的资格加以规定、判定和认证时，遵循的具体程序内容如下。

行政管理局的法庭口译部门主管约翰·里斯（John Leeth）先生就联邦法庭口译需要的问题进行过广泛且大规模的研究，以便明确在口译方式、运用的技能、联邦法庭对口译的需求以及如何使译员具备满足这种需求的资格。

约翰·里斯先生采访了近 80 人，包括联邦法庭庭长；美国主要口译协会的领导者，会长及副会长；美国国务院和联合国专业口译部门的职员；以及全国各高校口译项目的负责人。他访问了正在为口译员设计测试的加利福尼亚州官员和洛杉矶的代表以了解他们进行的口译测试。

从访问中得出的很重要的一点结论就是，有一种广泛流传的错误观念认为一个人只要会两种语言，他就能做口译；但事实并非如此。

另一点结论是法官坚持，经认证的个人应当再现法庭谈话，而非简单概括陈述的内容或改变语言使用的层级；法官坚定地认为译员无权简化法庭语言，从而使之达到被证人理解的水平。

在进行职业评估和译员访谈时，约翰·里斯发现，许多译员认为他们应该简化司法程序；应当确保他们翻译服务的对象能理解所陈述的内容，并且当律师和法官使用高级词汇时，应当使用较简单词语，以便例如农民能够理解。另一点是进行职业评估时，约翰·里斯发现许多译员并不能很好地掌握西班牙语或英语，从而影响了对法庭辩论内容的理解。不了解英语，就不能用西班牙语进行传达。约翰·里斯曾出席了得克萨斯州的一个地方法院的案件审理，译员完全改变了被告的动机，尽管译员并未意识到自己改变了被告的动机；因为译员根本不了解被告在讲述什么。

约翰·里斯也发现，译员从事的工作异常复杂，并且付出的努力、拥有的技能不能得到回报。约翰·里斯向局长建议应将翻译从JSP5、6级提升至JSP10、11、12级，尽管不能使薪酬翻倍，但可得到明显改善，使得受雇译员的薪酬达到国家部分和国际翻译的同等水平。

在研究过程中，选出并录用了6位杰出的职业人员，帮助局长制定合适的语言能力和口译技巧测试，包括：

1. 罗姗娜·冈萨雷斯（Roseann Gonzalez）博士，亚利桑那州大学英语教授，曾写过一篇有关法庭所用语言之层级的博士论文。文中对法庭诉讼程序转录做了广泛研究，并在有关法庭所用语言的重大研究中对其进行了分析。

2. 玛丽亚·特蕾莎·阿斯蒂斯（Maria Theresa Astiz），纽约州立大学西班牙语教授，美国国务院前口译员，曾对美国地方、州以及联邦法庭口译进行了细致研究。

3. 埃蒂维亚·阿里霍纳（Etilvia Arijona），日内瓦口译学院毕业生，蒙特雷高级翻译学院（为美国唯一一所授予口笔译硕士学位的学院）主任，现为斯坦福大学教育和测试专业博士研究生。

4. 艾莉·温斯坦（Ellie Weinstein），加利福尼亚州法庭译员协会会长，在洛杉矶最高法院担任法庭译员达15年。

5. 阿尔瓦罗·加尔文（Alvaro Galvan），美洲国家组织首席西班牙语/英语译员。

6. 尤金·布里埃尔（Eugene Briere），南加利福尼亚大学语言学教授，创设此类测试的专家；曾对米兰达权利的语言进行过大量分析。

该团队受邀到华盛顿参加为期两周的会议，会议决定需要举行一项测试。测试需能体现译员是否掌握充足的词汇量，涵盖刑事和民事案件；掌握实际的口译技巧；以及具备精确翻译的能力，保留法庭上所使用语言的问题和语调，不致改变谈话的含义。测试词汇选自实际的审判笔录。对加利福尼亚州法庭译员委员会为其会员制备的词汇表进行研究，该词汇表旨在帮助其会员参加加利福尼亚州测试，从此词汇表中挑选部分词汇。

会议展示了一套系列案件，以及参考资料、教科书、语言指导用书和词频书，以确定从转录文本中选取词汇的难度等级，进而和与会人员可以进行匹配，为测试选择难度相当的词汇。罗姗娜·冈萨雷斯博士进行的研究表明，至少需要接受 14 年的教育（相当于两年大学）才能明白刑事案件审判的具体内容，并且他们均认为要想了解民事案件审判的具体内容需接受的教育年限要比此更长。

在团队完成设计计划之测试后，三名法官同他们一起进行评审，分别为：得克萨斯州法官里纳尔多·加尔萨、波多黎各法官朱娜·佩雷斯·吉梅内斯以及劳德戴尔堡法官何塞·冈萨雷斯。向该三人展示已开展的内容、开展此类内容的原因，并询问三名法官，会议是否按议程进行，并按法官所希望的发展方向发展，三名法官的回答均为"是"。其中一名法官评论道："这项测试很棒，如果译员不能通过该考试，就不应出现在我的法庭之上。"

担任咨询师的均为测试研究方面的专家，他们讲到，需进行先导测试以得出结果。团队人员意图在全国范围内进行先导测试，从而使得拥有不同西班牙语背景的人均能参与其中。因此，团队前往美国西南部、得克萨斯州、洛杉矶、芝加哥并来到纽约又前往迈阿密，让不同的人参加先导测试。

共有 24 人参与了先导测试。参加测试者需回答所有问题，对每一项可随意发表评论并对测试进行评估。测试为开放式的，没有时间限制，因为团队人员希望确保参加测试者回答所有问题并收集到其对每项问题的评论，以进行数据分析。

之后测试结果送往南加利福尼亚大学，布里埃（Briere）教授将结果输入电脑进行数据分析，进而得出先导测试的效果。至于有效性和可信度，所得数据非常良好，优于此类测试的初试预期所得结果。测试包括两节：英语和西班牙语，每节包括 5 部分。反义词、同义词、句子填写、阅读理解和语言使用，以测试专家所述需要测试的内容，进而评估语言能力。

对先导测试的作答进行分析后，修订问题并进行改进。之后，上述团队的全部人员在得克萨斯州的布朗斯维尔会面，进行测试的口语测试部分。团队新增人员，包括联合国首席翻译西奥多·费根（Theodore Fagen），以及苏格兰斯特林大学的大卫·格弗（David Gerver）博士，其在识别译员才能方面做出过重大贡献。

为确保口语测试的可实施性，团队认为应在模拟法庭形式下进行。从布朗斯维尔档案中调取审判笔录，选出能判定个人能否处理法庭上使用的庄重体、正式文体、俚语以及口语体的部分；采用陪审团指示以及被告辩护律师的公开陈词。

阿斯蒂斯（Astiz）博士、玛丽亚·阿霍纳（Maria Arjona）女士以及何塞·冈萨雷斯和朱娜·佩雷斯·吉梅内斯法官记录直接证人证言和法庭形式下的直接询问以及交叉询问问题；制备并使用模拟调查报告。卡洛斯·阿斯蒂斯博士书写授权委托书，以上材料用作测试文件以查看个人除具备必要的词汇外，其所掌握的翻译技巧。

口语测试令人关注的一部分是，本次测试旨在为口译员测试首次制定一种方式，使口译员评分系统得以客观化。目前已施行的口译员测试仅仅为评委对个人能力的主观印象，但是该团队期望增设一个客观部分并予以实施。同时，也确定了这一客观部分的构成，包括：个人对所用语言的适应性；译员传达其所听材料的优劣；流利度和发音水平：所有均评为通过/不通过。

每名候选人由三人组成的评委团进行评估；一名现任职法庭译员担任同行评审员、一名西班牙语专家以及一名国际会议译员评估口译技巧。以上三名评审员的姓名通过国务院、测试研发组以及其他有贡献人员获得。

共汇集 15 名测试评审员，进行为期三天的口语测试操作方法的培训，以确保美国各地每个人接受的测试相同。

之后给予认证候选人的口笔译测试，通过测试者，推荐给局长，以便认证。

认证名单上所列的部分人员可不参加口试、笔试或先导笔试。此类群体帮助开发测试，曾任国务院职业译员，或毕业于日内瓦翻译学院或为联合国或美洲国际组织的职业人员。经认证个人具备至少同认证等级相同或高于认证等级的资格认定。

在此详细阐述罗姗娜·冈萨雷斯教授的部分证词是必要的，罗姗娜·冈萨雷斯为认证资格考试制定专家组成员。

罗姗娜·冈萨雷斯博士是语言学教授，现在亚利桑那大学教授应用语言学，且担任研究生项目主任。其博士论文主题是法庭英语语境，自 1975 年便受亚利桑那州最高法院委托进行这项研究。该项目旨在制定一种工具，测试司法系统被告的英语能力，并探寻测试被告英语知识的合适时间，使译员在正确的时间并通过应有的程序能得以召唤。罗姗娜·冈萨雷斯博士发现，法律语言并非为普通日常所用英语，其自成系统。

法庭语言这一概念由来已久。法庭语言是一个自系统；英语并非为法庭的官方语言，此为其开始研究的内容；法庭语言的具体标准是什么。罗姗娜·冈萨雷斯博士的研究是第一次非常客观地看待这一问题。

罗姗娜·冈萨雷斯博士研究了最高法院刑事案件领域记录的转录，涵盖逾1万单词，从中挑选单词、评定单词难度、复杂性、广泛度和法庭使用词汇的准确性。其从可读性角度审视法庭语言，该研究有关语言概念的复杂性，考虑词汇的句法、结构和复杂性。同时，通过使用的结构类型、动词、委婉语、语言的间接使用和其他个性化语言研究法庭语言。

罗姗娜·冈萨雷斯博士使用了尤卡姆（Yoakam）这个评判阅读难易度的公式，以测量课本语言的难度，这样一来，在衡量所研究的法庭语言样本的复杂程度时，她发现法庭语言属于第14级难度语言。

罗姗娜·冈萨雷斯博士强调，须记住，我们不只是讨论在最低层面理解语言的能力，而是口译员理解语言后，能够产出有意义的、与该语言准确对等的译文，同时保留原语言的等级、风格和语气，这一点很重要。

罗姗娜·冈萨雷斯博士还强调，她并不赞同这样一种观点，认为口译员的任务就是简化法庭上使用的第14级语言，以帮助并不了解第14级语言的被告理解这种语言。

在描述于华盛顿召开的那次专家会议时，罗姗娜·冈萨雷斯博士称，他们提炼总结了口译员的功能、如何最好地测验其功能，并决定开设一种考试，这一考试分为两个部分，每个部分具有同等重要性。第一部分为笔试，因为专家们需要基本了解考生对两种语言的掌握情况，这也正是罗姗娜·冈萨雷斯博士研究真正开始的地方。在选词方面，阅读的文章必须符合第14级语言的水平。罗姗娜·冈萨雷斯博士一直在研究大学考试委员会和教育测试服务机构，她认为此处提及的水平考试并不算是严格的语言测试，而是考查对语言、词汇和阅读能力的基本掌握。之所以将篇章阅读纳入考试，是因为一个人从篇章中提炼信息的能力和他的语言熟练程度有非常高的相关性。所以，选择同义词、反义词和完成句子这3个部分，小组会一直牢记这一阅读难易度水平。

在罗姗娜·冈萨雷斯博士整理的法庭记录词汇表中，专家们从48个英语单词里选出了23个。

参与测试准备工作的人员已经制订了足够多的测试题，以保证测试的内容有效性和形式有效性能反映口译员的专业技能，并确保该测试能很好地达到检测目的。

当此前提及的三位评委和该小组交谈时，他们强调口译员必须保证语言的准确性，为此，口译员必须具备广泛的词汇量，并对语言的细微差别的确能了如指掌。

经计算机计算确定及格分数线，这个分数线须反映最基本的能力。这个分数线刚好比专家们直觉预想的分数线要低，但他们也接受这个较低的数据。这个数据是由计算机基于标准偏差分析出来的。

罗姗娜·冈萨雷斯博士提醒我们注意，在该领域中，最大的误解之一就是认为只要一个人懂两种语言，他就能做口译。罗姗娜·冈萨雷斯博士列举了她在亚利桑那州和新墨西哥州的经历，在这些地方，门卫会被召唤到法庭做口译，法官书记员或者图书馆员工也会被召唤去做口译。罗姗娜·冈萨雷斯博士解释道，这正是司法体系的问题所在，也是有必要设立此认定程序的原因。罗姗娜·冈萨雷斯博士指出，语言能力并不是一个静止、单一的实体。语言能力是一个不断发展的领域，除非这种知识能力已经很发达，否则不会停滞不前，或者说停留在同一水平。所以，只要每天都能扩大语言能力，学习更多准确的词汇和更多语言上的细微差别，那么这种训练、学习、经历和教育一定会通过考查语言掌握情况和语言表达能力的水平测试反映出来。

在此情况下，原告辩护律师认为，法庭的功能就是决定美国法院行政管理局局长的合理性，并不一定要与每一个问题的选择都保持一致，而是其设立此认证考试的合理性。罗姗娜·冈萨雷斯博士证实，这些聘请的专家均有着出众的才能，他们有专业特长，也有出题经验，且均出自日内瓦学派。"你根本找不到那样的人。我觉得那样的人真的很稀少。那样的人并不常见。"为了尽可能达到最佳的测试效果，美国法院行政管理局局长必须提供尽可能有效的信息。罗姗娜·冈萨雷斯博士说："这六个人是本国最好的。"

其他几位被政府召集的专家确证了冈萨雷斯博士的意见和建议，以及约翰·里斯使用的程序。他们证实测试中使用的业已形成的语言并不像原告所指控的那样，晦涩难懂，神秘深奥，或陈旧过时。

经过进一步证实，在认证考试之前，测试题已经由一名心理计量学家

(完全独立于专家组之外）测评过。心理测验学是一门来源于数学度量的度量学，也是一门度量心理学。于是，人们复核了设置测试的程序，发现该测试质量极高。

基于所有证据，法庭发现，美国法院行政管理局局长给出的测试题具有全面合理性，没有超出其法定权力，没有滥用自由裁量权，代表其行使了符合宪政的那些权力，以确保美国法庭的口译人员拥有熟练的语言能力和口译技巧。

到目前为止，法庭已将有关的基本调查结果归档，并补充在此，而且依据联邦诉讼民事规则第 52（a）条之规定，前述事项将构成进一步调查结果（此前归档的调查结果复印件附加于此作为附件）。

此令

         1980 年 12 月 8 日  米尔顿·波拉克
         美国地区法官

## 附录

### 调查结果

于 1980 年 12 月 2 日庭审结束后制作。

法庭：就此项索赔的实质而言，我认定并作出如下决定，在后面的补充部分和所列处理其他问题的意见中继续讨论，主要是：

1. 资格考试、考试的各部分内容和报考美国法庭口译资格证的人员参加考试的方式是公正合理、全面发展的，该资格考试的准备工作由优秀专家指导，并给予恰当、公正、合理的管理。

2. 双语口译员在法庭场合下，为达到必要的准确性，须具备适当的、必要的、所要求的技巧。本测试以及/或者美国法院行政管理局局长使用的标准与这些技巧有着合理恰当的关系，而且在目的和效果方面具有有效性和可信度。

3. 该考试的笔试部分测试了考生的语言熟练程度，这与双语口译员通常在法庭上遇到的问题具有合理相关性，同时该考试提供了合理、恰当、有效的标准，有必要而且在实际上也考虑了法庭口译员以及法律规定的资格证申请人员的教育、培训和经验。

4. 已经申明该考试笔试部分的测试目的，但并没有显示该目的与美国和其他地方的法庭口译员双语口译的准确性有关系。

5. 口译员所具备的法律素质及在法庭上广泛地优先使用口译员与准确口译该事件及被翻译对象的意思和语言等级并不一样。

6. 没有给任何人不合理或特殊待遇，没有不恰当地筛选考生，也没有给任何依据口译工作法律条文参加测试或资格认定的考生提供不合理的便利条件，评估考生考试表现的方式公正合理、恰当合适，并与考试目标具有合理相关性。

7. 经过修改后使用的资格认证项目及考试符合美国联邦法院于1978年制定的《法庭口译员法案》（28 USC）中第1827节（§ 1827）及其后各章节明示或暗示的条款及目的，并据此考虑寻求法定资格认证的个人的教育、培训和经验。

8. 从任何一个方面来说，申请资格认定的人员参加本考试，本考试具有非任意性和稳定性。

9. 法庭认定政府的人证所提供的证据可信且不容置疑。

上述事项应构成第52（a）项规定中有关索赔实质所需的调查结果事实，后面会有关于次要问题的调查结果补充，同时还会依据联邦民事诉讼规则第58条之规定给予审判。

考虑到上述事项，提议预先禁令是予以全面否定，且因为此处只提出了一小部分问题，可能并没有涉及原告辩护律师所指出的，他本人并没有机会研究的问题，所以似乎没有进一步的理由维持此诉讼。

故，对其诉讼请求予以驳回，不产生任何费用。

此令

1980年12月2日。

（赵军峰等译　程思校）

# 三　美国地方立法

## （一）加利福尼亚州语言文字立法文件（摘译）

**加利福尼亚州教育法典§30（Cal. Educ. Code §30）**
**教学语言**

英语应是所有学校教学的基本语言。

任何学区、社区学院学区和私立学校的管理委员会，可以决定什么时候、什么情况下给予双语教学。

本州政策是为了确保学校所有学生能掌握英语；在双语教学课程有优势的情况下可向学生提供双语教学。双语教学在不会干扰学生系统、有序和常规英语授课学习的情况下可以被授权开设。

熟练掌握英语并顺利完成高级外语课程或通过其他方式精通该语言的学生，如已熟练掌握英语，可以采用外语作为教学语言。

**加利福尼亚州教育法典§30.5（Cal. Educ. Code §30.5）**
**双语教育**
**（2003年1月1日起生效）**

本节首段

（一）尽管其他法律条款另有规定，双语教育应被定义为一项基于主要语言非英语或非源于英语学生语言技能的教学体系。就本款而言：

（1）"主要语言"，是指一种非英语或非源于英语的语言，该语言是学生首先习得的语言，

（2）"源于英语"，是指从英语衍生的任何方言、土语或语言。"源于英语"应包括以下两项内容：

（A）语言根源与英语相连接的任何方言、土语或语言；

（B）句法不同于英语，但从语言学角度可追溯至英语的任何方言、土语或语言。

（二）学区不应将作为双语教育计划的一部分的州资金或资源用于确认第（1）款中的源于英语方言、土语或语言，或用于使用这些方言、土语或语言进行授课。

### 加利福尼亚州奥兰治县高等法院规则 603.02（Orange County Superior Court Rules, Rule 603.02）
### 作为呈请书证物的遗嘱和遗嘱附录

遗嘱或遗嘱附录认证的呈请书提交后，所提供用于认证的文书原件应在呈请书之前或与呈请书同时提交，并将一份副本标注为证物，作为呈请书的附件。如果所提供用于认证的文书原件已遗失或损毁，遗嘱认证的呈请书应包括一份无提交原始文书的情况声明。

如果文书为全部手写或部分手写，呈请书还需附上文书的打字打印副本。[见《遗嘱检验法典》第8002（二）（1）节] 如果文书使用除英语以外的语言，原件必须附上翻译成英语的副本以及一份声明该翻译为正确翻译的文件。[见《遗嘱检验法典》第8002（二）（2）节] 该声明应说明译者资格并由译者签署。

### 加利福尼亚州商业和职业法典 § 654.3
### （Cal. Bus. & Prof. Code § 654.3）
持照人；禁止在持照人办公室安排或进行由第三方延期的信贷或贷款收费治疗；退款；书面或电子通知；书面的治疗计划；除英语以外的语言；受酒精或药物影响的患者；损失

（2015年1月1日起生效）

福利分配和治疗方案应注明患者每项服务收费中个人承担和政府预计

承担的比例。如果持照人不从患者的医疗福利计划或保险计划中进行分配，治疗方案应说明治疗可能会或可能不被患者的医疗福利或保险计划保障，患者有权利在治疗开始前确认患者计划、保险公司或雇主所提供的医疗福利或保险信息。

对于采用非英语为主要交流语言的患者，持照人，或持照人的雇员或代理人，不得为其安排或进行由第三方延期的信贷或贷款信用，除非分节（四）所要求的书面通知信息也是以该语言提供。

### 加利福尼亚州健康和安全法典 § 1367.04（Cal. Health & Safety Code § 1367.04）
### 获得语言协助；规章和标准；入选者的
### 语言需求评估；两年期报告
### （2006年1月1日起生效）

从已入选者之外的人口招募计划入选者，应单独计算健康家庭计划人口，以决定是否适用（1）款第（一）项，并应单独计算健康家庭计划人口以采用（1）款第（一）项的比例和数值阈值。该规章应包括以下内容：

（1）要求翻译如下重要文件：

（一）第（二）项中所指定的所有重要文件，要求被翻译成指定的语言，具体如下：

（i）对于入选人口为100万或以上的健康护理服务计划，要求将重要文件翻译为除英语以外的前两大语言，这两大语言依据本分节指定的需求评估结果决定。此外，本分节所指定的需求评估结果如果显示0.75%的入选者或是1.5万入选者（以较少者为准，计数时不包括Medi—Cal入选人口并单独计算健康家庭计划人口）需要任何其他语言的文字版本，还须提供这些语言的翻译版本。

（ii）对于入选人口为30万或以上，但低于100万的健康护理服务计划，要求将重要文件翻译为除英语以外的前一大语言，该语言依据本分节指定的需求评估结果决定。此外，本分节所指定的需求评估结果如果显示1%的入选者或是6000入选者（以较少者为准，计数时不包括医疗入选人口并单独计算健康家庭计划人口）需要任何其他语言的文字版本，还须提供这些语言的翻译版本。

(iii) 对于入选人口少于 30 万的健康护理服务计划，本分节所指定的需求评估结果如果显示 5% 的入选者或是 3000（或以上）入选者（以较少者为准，计数时不包括医疗入选人口并单独计算健康家庭计划人口）需要一种除英语以外语言的文字版本，则须提供该语言的翻译版本。

**加利福尼亚州民事法典 § 1632（Cal. Civ. Code § 1632）**
**除英语以外语言合同的翻译；必要性；例外**
**（2015 年 1 月 1 日起生效）**

（一）立法机构在此发现并宣布：

（1）本条于 1976 年颁布，以增加消费者信息和保护本州庞大和不断增长的西班牙语人口为目的。

（2）自 1976 年以来，本州人口日益多元化，以除英语以外语言为主要家庭语言的加利福尼亚州人口急剧增加。

（3）根据美国社区调查（该调查已取代曾用于获取美国居民详细社会经济信息的每十年一次人口普查）2009—2011 年的数据，约 1520 万加利福尼亚州人在家庭中使用除英语以外的语言。与此相比，约 1960 万人在家庭中仅使用英语。在家庭中使用除英语以外语言的加利福尼亚州人口中，约 840 万人英语口语优秀，300 万人英语口语较好。调查中余下的 380 万加利福尼亚州人口英语口语较差或不会说英语。在该类人口中，最广泛使用的除英语以外的家庭语言为西班牙语、汉语、菲律宾语、越南语和朝鲜语。英语较差或不会说英语的 380 万加利福尼亚州人口中，在家庭中使用该五种语言的人口约占 350 万。

……

（八）以分节（二）中指定的任一语言为主要贸易或商务协商语言的人，如果与他（或她）协商的另一方为货物或服务的买主，或另一方接受贷款或信贷延期，或另一方以租客、承租人或转租人身份签署协议、合同或租赁，且另一方使用他（或她）自己的口译员协商合同条款、租赁或其他义务，则本节不适用。

在本分节使用的"他（或她）自己的口译员"指一位非未成年、能讲流利英语和用于协商合同或协议的分节（二）中指定的任一语言、能充分理解英语和用于协商合同或协议的分节（二）中指定的任一语言的人。

## 加利福尼亚州民事法典 § 1632.5（Cal. Civ. Code § 1632.5）
### 受监督的金融机构谈判主要使用西班牙语、汉语、菲律宾语、越南语或朝鲜语；贷款合同或由住宅不动产担保的信用延期；执行前使用外语交付；使用英语明确管理权利和责任的版本；例外
### （2016年1月1日起生效）

（三）（1）根据分节（一），对于贷款合同或协议，或由住宅不动产担保的信贷延期，符合本条规定且受监督的金融机构，应当遵守第1632节。

（2）受监督的金融机构应当遵守第1632节的规定，根据分节（一）对于贷款合同或协议，或由住宅不动产担保的信贷延期应当遵守本节。

（四）受监督的金融机构应在收到书面申请之日起三个工作日内向借款人提供分节（九）中指定的表格，如果贷款条件在表格翻译完成后但于贷款使用之前发生改变，受监督的金融机构应在贷款使用之前提供更新的表格翻译。

（五）（1）如果与受监管的金融机构谈判的一方使用自己的译员进行条款的谈判，根据分节（一）本条不适用于使用英语以外的语言谈判。

（2）本分节中"自己的译员"是指成年人或非未成年人，能够流利地使用和完全理解英文和分节（一）中提到的语言，即合同谈判时使用的语言，同时译员不受雇于或者不为参与本次贸易或商业活动的个人。

（六）尽管分节（一）有规定，但在已被执行的英文合同或协议的翻译文本中，下列各项内容仍可以保留英语而无须翻译。

（1）个人和其他人员的姓名及头衔。

（2）地址、品牌名称、商号、商标或已注册服务商标。

（3）商品或服务制造商和型号的全称或缩写。

（4）字母数字法典。

（5）个别词语或表达在非英文翻译中不具普遍适用性。

（七）英文合同或者协议中的条款应确定各方的权利和义务。但是，分节（i）所述和分节（a）所要求的翻译形式须是可采信的……

（九）业务监督部应当创建表格，使分节（一）中规定的每一种语言在受监管的金融机构使用时能够依照分节（一）总览按揭贷款的条款。业务监督部在创建表格时可以参照美国住宅部和城市发展诚信评估公开表。

## 加利福尼亚州商业和职业法典 § 2198（Cal. Bus. & Prof. Code § 2198）
### 引文文章；程序的建立，目标和实施；资金；评测
### （2004年1月1日起生效）

（一）本条应引用为2003年《医师文化语言能力法》。医师文化和语言能力项目应由加利福尼亚州医疗协会当地医疗委员会设立和实施，并由执照许可司监督。

（二）本计划应为所有有兴趣的医师的志愿计划。作为首要目标，该方案应包括教育课程，设计教授医师以下内容：

（1）熟练的语言水平，主动改善他们与非英语患者沟通能力。

（2）熟练的语言水平，最终能够与非英语患者直接沟通。

## 加利福尼亚州民事法典 § 2923.3（Cal. Civ. Code § 2923.3）
### 违约通知；关键信息摘要；交付要求；译文
### （2016年1月1日起生效）

本节规定了除英语以外语言的翻译要求，根据政府法典第27293节第（二）分节，符合本节规定的文件可能会被记录。符合本条规定的该文件，不得以文件的部分内容是英语以外的语言为由被拒绝记录。

## 加利福尼亚州商业和职业法典 § 6408.5
### （Cal. Bus. & Prof. Code § 6408.5）
### 广告和征集活动；必需的免责声明
### （2003年1月1日起生效）

（一）所有提供法律文件助理或非法扣押助理的出版、分发或广播广告或征集活动，应当包括以下语句："我不是律师。我只能在特定领域提

供自助服务。"对于列出三条或以下信息仅提供法律文件助理或非法扣押助理姓名、地址和电话的电话或商业手册中的机密列表或黄页列表，本分节不适用。

（二）如果广告或征集活动是除英语以外的语言，分节（一）中所指定的语句应使用与该广告或征集活动相同的语言。

## 加利福尼亚州保险法典 § 10133.8（Cal. Ins. Code § 10133.8）
## 获得材料翻译和语言援助；规章
## （2005年1月1日起生效）

在健康保险方面，要求保险公司每三年更新一次人口状况和语言翻译需求信息的评估。但是，规章可以规定：如果署长确定保险公司补充性保险产品调查和评估结果不太可能影响翻译需求，保险公司对补充性保险产品调查和评估的更新周期可超过三年。

（3）要求翻译如下重要文件：

（一）第（二）项中所指定的所有重要文件，要求被翻译成指定的语言，具体如下：

（i）对于参保人数为100万或以上的保险公司，要求将重要文件翻译为除英语以外的前两大语言，这两大语言依据分节（二）第（2）款指定的需求评估结果决定。此外，分节（二）第（2）款所指定的需求评估结果如果显示0.75%的参保人口或是1.5万参保人口（以较少者为准）需要任何其他语言的文字版本，还须提供这些语言的翻译版本。

（ii）对于参保人数为30万或以上，但少于100万的保险公司，要求将重要文件翻译为除英语以外的前一大语言，该语言依据分节（二）第（2）款指定的需求评估结果决定。此外，分节（二）第（2）款所指定的需求评估结果如果显示1%的参保人口或是6000参保人口（以较少者为准）需要任何其他语言的文字版本，还须提供这些语言的翻译版本。

（iii）对于参保人数少于30万的保险公司，分节（二）第（2）款所指定的需求评估结果如果显示5%的参保人口或是3000（或以上）参保人口（以较少者为准）需要一种除英语以外语言的文字版本，则须提供该语言的翻译版本。

# 加利福尼亚州商业和职业法典 § 13220
（Cal. Bus. & Prof. Code § 13220）
应急程序和信息；张贴；为指定公寓提供的其他语言；
模型小册子或宣传册；责任豁免
（2010年1月1日起生效）

序言

在每层楼梯平台、在每层电梯厅、在长度超过100英尺走廊的中间点、在所有走廊十字路口、在房屋公共入口处的内部张贴国际符号。

（三）在单元住宅中，两层及两层以上高度的，且每层有三个及以上的居住单元的，在前门通向室内走廊或者内部大堂区域的地方，应当提供以下应急信息：

（2）应通过使用小册子、宣传册或录像（如有）的方式向所有有记录的住户提供信息，或者依据州消防局局长的规章提供信息。

（3）如果本分节所指定的公寓业主或经营者，或者其代理，以除英语之外的语言协商租赁、转租、房屋租赁合同或租约合同或协议，第（2）款所要求提供的信息应以英语提供，采用国际符号，并以加利福尼亚州最常见的四种除英语以外的语言提供，这四种语言由州消防局局长确定。

（四）1996年7月1日或之前，州消防局局长应确定用于分节（三）中指定公寓的面向消费者模型小册子或宣传册，小册子或宣传册包括以英语提供，采用国际符号，并以加利福尼亚州最常见的四种除英语以外的语言提供的通用紧急程序信息。这四种语言由州消防局局长确定。

（五）根据本节提供通用紧急程序信息的公寓拥有人、代理人、操作员，翻译或誊写者，如果善意且无重大疏忽，不追究翻译或转写紧急程序信息过程中出现的错误。这种有限的豁免权只适用于翻译或转写过程中的错误，不适用于依据本条规定提供信息过程中出现的错误。

（六）除非有明确规定，本条不应被视为要求本条列出的房屋业主或经营者使用除英语以外的语言及国际符号提供紧急程序信息。

## 加利福尼亚州商业和民事法典 § 17538.9
（Cal. Bus. & Civ. Code § 17538.9）
预付电话卡；配套费用披露；充值费用通知
（2009 年 1 月 1 日起生效）

……公司的名称。

（G）充值政策（如有）。

（H）退款政策（如有）。

（I）到期政策（如有）。

（J）第（9）款所规定的 24 小时免费客服电话。

（4）客户对卡或服务进行充值之前，任何公司不能提供少于说明中的分钟数，收费不能超过说明中的费用，配套服务收费不能超过卡或包装上的说明，或者超过公众在购买卡或服务时看到的广告上的说明。

（5）顾客对服务进行充值时，收费可高于该顾客最初的购买价格或最近一次的充值价格。但是，在顾客同意支付充值之前，顾客应被告知费率或收费的增长。

（6）如果卡或包装上使用一种除英语以外的语言来提供拨号指导或客服信息，当依据第（3）款进行销售披露时，还应使用该语言披露第（3）款中指定的信息。

（7）如果卡或预付电话服务的广告或促销使用一种除英语以外的语言，或者卡或包装上使用一种除英语以外的语言来提供非拨号指导信息，当依据第（3）款进行销售披露时，还应使用该语言披露第（3）款中指定的信息。

## 加利福尼亚州教育法典 § 19325.1（Cal. Educ. Code § 19325.1）
电话读取系统；运作或资助符合条件的实体；州图书馆的授权
（2004 年 8 月 11 日起生效）

（五）州图书馆与有资质的实体合作，可以拓展电话读取系统材料的类别和范围，以满足本州印本阅读障碍者的地方、区域或国外语言需求。州图书馆管理员也可通过现有的方法和技术，或通过将被开发的方法和技术，扩展电话读取服务的范围和可用性。州图书馆管理员可通过适当的方式，包括但不限于直接邮寄、直接电话联系和公共服务公告，向现有和潜在服务对象介绍电话读取系统。

## 加利福尼亚州教育法典§33133.5（Cal. Educ. Code § 33133.5）
### 制作海报提供电话号码供儿童举报儿童虐待或轻视
（2016年8月22日起生效）

（三）海报应包括如下要素：

（3）海报应有五种语言版本：英语、西班牙语和督学决定的本州除英语及西班牙语外的前三大语言。

## 加利福尼亚州教育法典§44253.5（Cal. Educ. Code § 44253.5）
### 教师能力考试；英语能力有限的学生

首段

1. 对英语能力有限的低年级学生的教师培养准备计划

（三）考试的范围和内容应包括委员会认为有效教授英语水平有限的低年级学生所必须掌握的专业技能和知识，应包括但不必限于下面的专业知识和技能领域：

（1）语言的结构和第一语言、第二语言的发展。
（2）英语发展方法论和以英语进行特殊内容讲授的方法论。
（3）文化及其多样性。
（4）以学生主要语言进行内容讲授的方法论。
（5）与特定语言群体相关的文化。
（6）加利福尼亚州英语水平有限低年级学生使用除英语以外语言的能力。

## 加利福尼亚州教育法典§44253.7（Cal. Educ. Code § 44253.7）
### 为英语学习者服务的教师双语跨文化的能力认证；
### 目标和可核查标准的制定
（2009年1月1日起生效）

（二）拟获得授权的候选人，在准备申请资格证的同时或以后，应通过参加口语和书面考试，或通过完成一项含课程工作或一项既含课程且含考试的获批项目，证明其同时具备以下内容：

（1）拥有除英语以外的一种语言的口头和书面能力。

（2）拥有英语口头和书面能力。在根据第44252.5节进行的基本技能水平考试中阅读和写作环节合格，或者依据第44252节在该考试中达到写作环节的要求。

（3）拥有文化历史遗产方面的知识和理解能力，从而有利于服务英语熟练程度有限的人。

（4）经认证或授权，有能力以英语和英语以外的语言从事服务的候选人。

## 加利福尼亚州教育法典 § 44611（Cal. Educ. Code § 44611）立法结果和目的

本条的目的是鼓励和促进加利福尼亚州各学区和国外学校之间的教师短期交流，并向加利福尼亚州学校提供国外出生的教师和特别有资质教授一种或多种现代外语的人士，以使本州学校符合1965年7月1日州法律中规定向6、7、8年级学生提供外语教育这一要求。立法机构认为，加利福尼亚州教师在国外从事教学服务后，对该国日常生活中使用的语言使用更为流利，对该国人民和环境更为了解，由对该外语熟悉并对其文化了解的教师开始学生的基础外语教授，对加利福尼亚州学生尤为有利，能加强学生外语学习的早期培养并强化正确的发音习惯。立法机构的目的是鼓励和帮助加利福尼亚州学校从外国公民的语言能力中受益，而不论这些外国公民现在是或者未来才是加利福尼亚州的居民之一。

## 加利福尼亚州教育法典 § 44616（Cal. Educ. Code § 44616）外语教学特别指导

对于教师准备和许可委员会批准作为教师进修机构的大学和学院，教育部可以与其签订合同使其提供新手培养课程，申请基于第44615节的特殊外语教学资格证的申请人，如果没有近期教学经历，可参加该课程以确保外语教学指导达到委员会指定的标准。

根据本节规定进行的外语教学指导应限于每年 500 人。

教育部可以向每个进修的人支付每周 75 美元的津贴，共计六周或以其他方式支付津贴，但支付给个人的总额不得超过 450 美元。

### 加利福尼亚州教育法典 § 44781（Cal. Educ. Code § 44781）
### 设立加利福尼亚州国际研究项目；项目内容

(4) 发展一个支持教师学习新国际技能的支持系统，包括内容培训、课程演示、教学资源服务、信息共享和个人协助和辅导。

(5) 中小学教师与国际教研人员、学院、大学和非学校国际组织的合作。

(6) 大学和学院的国际专家与教学方法及策略专业人士在历史学、经济学、国际关系、外语及相关领域展开合作。

### 加利福尼亚州教育法典 § 44856（Cal. Educ. Code § 44856）
### 暂住认证员工
### （2011 年 1 月 1 日起生效）

学区管理委员会，为提供双语教学、外语教学或提高学区文化，可以与国外相关政府或美国州、区域、领土订立协议，雇用外国或某州、某区域、某领土公立或私立学校的双语教师。符合雇佣条件的师资应有熟练的英语掌握程度。依据本节雇用的人员应称为"暂住认证员工"。

学区雇用的暂住认证员工必须持有必要且有效的由教师资格认证委员会签发的一个或多个资格证，资格证授权该人员在拟工作的学区承担需要资格认证的岗位工作。该人员被雇用的期限不可超过两年，如果学区认为停止雇用该人员损害现行双语项目、外语项目或文化提高项目，且该岗位无法找到一位认证的加利福尼亚州教师来填补，则该人员可每年申请延期一年，但总雇佣期限不得超过五年。委员会应为暂住认证员工设立最低资格证标准。

## 加利福尼亚州教育法典 Cal. Educ. Code § 45330
（Cal. Educ. Code § 45330）
"准专业人员"定义；职责范围；能力要求
（2012 年 1 月 1 日起生效）

首段

（八）依据联邦 2001 年《一个也不能落下法案》（P. L. 107—110）第 I 条款由联邦基金给予支持的准专业人员，如其满足以下任何条件，可豁免分节（三）第（1）款（含）至（3）款（含）中的要求：

（1）准专业人员熟练掌握英语和一门除英语以外的语言，并以译员身份提供服务，提高学生参与度。

（2）准专业人员的职责只包括进行家长参与的沟通活动。

## 加利福尼亚州教育法典 § 45400（Cal. Educ. Code § 45400）
立法意图

立法机关在此发现，提供幼儿园教育或任何 1 年级至 12 年级教育的公立学校中，如果大量学生及其父母或监护人使用单一的非英语语言作为主要语言，且学校职员中没有一位或多位熟练掌握英语和该语言的双语人员，会对学生教育带来严重的不良影响。校方与受影响的学生及其父母、监护人之间的有效沟通对有效开展教育计划是绝对必要的。因此，立法机关制定本条，希望为使用单一的非英语语言作为主要语言的学生及其父母、监护人清除障碍，通过更有效的沟通，为其提供本州最好的公立小学、初中、高中教育。

## 加利福尼亚州教育法典 § 45401（Cal. Educ. Code § 45401）
就业

当提供幼儿园教育或任何 1 年级至 12 年级教育的公立学校中至少有 15% 的学生使用一门除英语以外的语言为主要语言，一旦第 45403 节中的岗位出现空缺，该学校所属的学区管理委员会应雇用一位熟练掌握英语和该语言的双语人员就职于该校的行政办公室，依据本部分第 5 章（始于

第45100节）的规定，以双语社区联络人或准专业人员、文员或其他合格员工的身份服务于该校。

## 加利福尼亚州教育法典 § 48223（Cal. Educ. Code § 48223）
## 智力超常儿童

高智商和在私人全日制学校经合格师资培养的儿童，如果与本州公立学校必修课程相同的课程的全部或部分为外语授课且英语授课的时间不少于50%的总日常授课时间，应予以豁免。

学生的出勤应根据第48222节规定进行。

## 加利福尼亚州教育法典 § 48985（Cal. Educ. Code § 48985）
## 以英语以外的语言通知家长；监测；通知学区
## （2007年1月1日起生效）

（一）依据第52164节向部门提交的上年人口普查数据中如果显示，提供幼儿园教育或任何1年级（含）至12年级（含）教育的公立学校有15%或以上学生使用一门除英语以外的语言为主要语言，该学校或该学区所有发送给学生父母或监护人的通知、报告、报表或记录应以英语以及该主要语言编写，且允许回复者以英语或该主要语言进行回复。

（二）依据第64001节第（二）分节，作为分类项目监控进程的一部分，部门对公立学校和学区开展定期监督和审查，应监控第（二）分节中的要求是否得到落实，应决定学区需要翻译何种类型的文件、需要翻译为何种非英语主要语言、这些文件是否充足地提供给使用非英语主要语言的父母或监护人，以及这些文件翻译的缺口情况。

（三）依据第52164节向部门提交上一财政年度人口普查数据后，部门应在每年8月1日前通知学区，告知其学区内所属的学校名单，以及需要依据第（一）分节进行文件翻译的非英语主要语言名单。部门应采用电子方式发出通知。

（四）部门应利用现有资源来满足第（二）和（三）分节的要求。

## 加利福尼亚州教育法典 § 51101.1（Cal. Educ. Code § 51101.1）
## 缺乏英语流利程度的父母和监护人的权利；
## 参与教育过程；信息和通信
（2004年9月29日起生效）

（一）父母或监护人英语不流利不影响其行使本章所保障的权利。根据第48985节，学区应采取一切合理措施，确保使用除英语以外语言的学生父母或监护人能以英语及其家庭语言获得通知，了解本节中他们的权利和机会。

（二）英语学习者的父母和监护人有权依据第51101条按以下规定参与其子女的教育：

（1）根据第51101节第（一）分节第（5）款，获知子女标准化测试中的成绩，这些测试包括英语发展测试。

（2）根据第48985节英语及其家庭语言获得法律规定的任何必要书面通知。

（3）根据联邦和州法律及其他规定参与学校和社区咨询机构。

（4）支持提高儿童的识字能力。学校人员应鼓励英语学习者的父母和监护人支持其子女提高英文识字能力以及支持其子女尽可能提高其家庭语言的识字能力。鼓励学区依据第60510节第（四）分节，尽最大可能将剩余或未分配的教学材料分发给父母和监护人，提高儿童教育中的父母参与程度。

（三）如果学校有相当数量的学生家庭语言为非英语，鼓励该学校建立家庭中心，与这些儿童的父母和监护人保持沟通，鼓励其了解和参与其子女就读的教育计划。

## 加利福尼亚州教育法典 § 51243（Cal. Educ. Code § 51243）
## 9至14年级私立学校外语学习学分

如私立学校外语课程与同一年级的公立学校外语课程相近，9年级（含）至12年级（含）的私立学校外语课程应提供学分，以符合学区管理委员会或其他主管部门的必修课程规定。州教育委员会应通过法规和认证，规定已在私立学校完成外语学习的公立学校学生的学分授予事宜的标准和条件。

## 加利福尼亚州教育法典§51244（Cal. Educ. Code § 51244）
## 所包括的外语

第51243节规定的授予私立学校外语课程学分应适用于以下语言课程：汉语、法语、德语、希腊语（古典和现代）、希伯来语（古典和现代）、意大利语、日语、犹太语、拉丁语、西班牙语、俄语和州教育局指定的其他语言。

## 加利福尼亚州教育法典§51460（Cal. Educ. Code § 51460）
## 建立和目的
## （2012年）

（一）双语读写能力政府认证的建立，是为了认证那些在除英语以外一种或多种语言中口语、阅读、写作已经达到高熟练水平的高中毕业生。双语读写能力政府认证须由督学颁发。各学区自愿参与该项目。

（二）双语读写能力政府认证的目的如下：
(1) 鼓励学生学习语言。
(2) 证明不具备读写能力。
(3) 为雇主提供识别语言能力和双语能力的方式。
(4) 为大学提供一种承认和给予申请入学申请者的学分的方法。
(5) 为学生准备21世纪的技能。
(6) 为认证和促进公立学校的外语教学。
(7) 加强群体间联系，肯定多元化的价值，尊重社区的多元文化和语言。

## 加利福尼亚州教育法典§51461（Cal. Educ. Code § 51461）
## 认证除英语之外的一种或多种语言高水平掌握程度；
## 标准；除英语之外的主要语言；定义
## （2012年1月1日起生效）

（一）双语读写能力政府认证证明应届高中毕业学生有一种或多种英

语外语言的高熟练程度，证明毕业生符合如下所有的标准。

（1）完成毕业所要求的所有英语语言文科课程，这些课程的总平均成绩为 2.0 或以上。

（2）以"熟练"或以上的级别通过加利福尼亚州英语语言文科标准测试，该测试在 11 年级进行。

（3）通过以下方法之一证明熟练掌握英语外的一种或多种语言：

（A）以得分为 3 分或以上的成绩通过外语高级分级测试或以得分为 4 分或以上的成绩通过国际文凭测试。

（B）成功修完高中四年外语课程，在课程中总平均成绩达到 3.0 或以上。

（C）以"熟练"或以上的级别通过，至少评估英语外的语言口头、阅读和写作能力的学区语言测试（如果没有高级分级测试或闭卷语言测试且学区可向督学证明学区语言测试符合四年高中外语课程的严谨性）。如果存在高级分级测试或闭卷语言测试，同时学区也提供学区语言测试，须由督学核准该测试能否反映英语外的语言掌握水平。

（D）以得分为 600 分或以上的成绩通过 SAT Ⅱ 外语测试。

（二）如果 9 年级（含）至 12 年级（含）学生主要语言为非英语，为获得双语读写能力政府认证，他（或她）应完成如下两项内容：

（1）在英语发展测试中取得早期高级水平。就本款而言，参与的学区可以在必要时间展开英语语言发展测试。

（2）满足第（一）分节的要求。

……

（四）本条中的"外语"是指除英语以外的语言，包括美国手语。

## 加利福尼亚州教育法典 §51865（Cal. Educ. Code § 51865）
## 立法意图

（三）利用服务于此目的的资金，研发一个协调的远程教学系统，服务于以下高优先级的教育需求：

（1）在成年人口中劳动力技能和能力提升。

（2）扩大英语作为第二语言的成人教育班级，满足该教学领域不断增长的需求。

（3）加强课程以满足可能退出传统课堂项目的高风险学生的需要。

（4）在无法提供大学预科和学生必需的丰富课程的农村和内城中学中，增加课程科目，包括但不限于外语、科学和数学。

## 加利福尼亚州教育法典§52164.4（Cal. Educ. Code § 52164.4）
### 先前未测试的学生；双语项目招生

如果首次入学的家庭语言为除英语以外语言的学生，且该生先前未参加英语测试，应依据第52163节第（一）、（二）、（三）、（五）分节以英语水平有限学生的身份参加双语项目，参加时间至少截至该学生依据第52164节参加评估。

## 加利福尼亚州教育法典§52167（Cal. Educ. Code § 52167）
### 学生招收比例；规定；修改课程学生比例以提供有效核心学科指导

根据52165节第（一）、（二）或（三）分节，不超过2/3，也不低于1/3的学生应为英语能力有限的学生。这些课堂的其余学生应拥有流利英语熟练程度。然而，如果有记录显示这些比例无法得到满足，教室比例应至少反映学校某一年级的语言流利度，不应造成隔离现象。拥有流利英语熟练程度的学生应以英文接受基本技能指导，并在可能的情况下，取得学区标准下的成功。

在任何情况下，该计划的主要目的都不是向英语为母语的学生教授外语。

（二）为了在核心学科向所有学生有效提供教学，分节（一）规定的教室比例可以被修改。参与52165节第（一）、（二）或（三）分节项下项目的英语能力有限的学生，至少20%的在校时间应在人员构成符合（一）分节要求的课堂中接受教学，当其英语能力提高后，应提高其与英语流利学生同堂上课的时间比例。

## 加利福尼亚州教育法典§54000（Cal. Educ. Code § 54000）
## 立法意图

立法机构希望为公立学校所有学生提供高质量教育机会。立法机关认识到家庭收入低、学生瞬变率、大量家庭以除英语外的语言为主要语言等大量因素对学生的学习成就和个人发展有直接影响，立法机关要求学区提供不同层次财政援助，以确保所有学生获得高质量教育。

## 加利福尼亚州教育法典§56362.7（Cal. Educ. Code § 56362.7）
## 评估能力的双语跨文化证书
（2005年10月7日起生效）

（一）立法机关认识到需要受训专业人员，以评估和服务英语水平有限的学生。这对有特殊需要或怀疑有残疾的学生尤为必要。

（二）委员会应为参加特殊教育项目分级评估的专家研制双语跨文化评估能力证书。该证书的持证人应持有合适的资格证、证书或授权，并通过笔试和口试展示以下内容：

（1）拥有除英语以外的一种语言的口头和书面能力。

（2）拥有服务于英语能力有限人员的有关文化和历史遗产的知识和理解力。

（3）有能力完成其经认证或授权的英语和除英语以外的一种语言评估工作。

（4）拥有具备使用仪器和其他适用于英语能力有限人员特殊需求知识和能力，以开发适当的数据、教学策略、个性化教育计划和评估。

（三）特别行政教育专业人员的双语跨文化能力证书，应由委员会基于双语教育的个人教育计划的实施，根据第44253.7节授予。

（四）该规定的立法宗旨在于通过证书的形式达到国家规定的就业或继续就业要求。

## 加利福尼亚州教育法典§60612（Cal. Educ. Code § 60612）
## 评估和打分材料的制备和可用性
（2014年1月1日起生效）

一旦依据本节通过或核准了评估，督学应依据第60604节第（三）和（四）分节编制并向家长、教师、学生、行政人员、学校董事会成员和公众提供易懂材料，材料描述评估的性质、评估目的、评分机制和评估的有效用途。督学应依据第48985节使用除英语以外的语言向父母提供材料。立法机构希望部门利用多语言文档交换中心满足这一要求。在完成这一要求时，督学应考虑加利福尼亚州所属评估联盟或评估承包商已提供的信息。

## 加利福尼亚州教育法典§60640（Cal. Educ. Code § 60640）
## 建立；组成；扩展建议；评估管理；
## 英语水平；有特殊需要的个人；资金
（2016年1月1日起生效）

（B）如果当地教育机构选择依据第（A）项对2年级（含）至11年级（含）的英语水平有限学生进行初级语言评估，该机构应以决定的方式告知部门，评估费用应由州政府支付并被作为测试合同的一部分，部门应按（1）分项向该教育机构提供对每个学生进行评估的分摊费用。

（C）督学应咨询英语评估、英语学习者专家等利益相关者，以确定与英语文科内容标准相一致的非英语主要语言文科独立终结性测试的内容和目的。督学应考量该评估的目的是否合适，包括但不限于，是否有利于双语读写能力政府认证和教学效果考核制。立法机构希望将根据本节研发的评估纳入本州教学效果考核制。

（D）3年级（含）至8年级（含）以及11年级的首次联盟计算机适应性英语文科和数学终结性测试完成后，督学应立即向州管理委员会以定期公开会议的方式就非英语主要语言文科独立终结性测试的预估成本和时间规划做出报告和推荐。

（E）督学应研究，且州管理委员会应采用主要语言评估。督学应在不迟于2016—2017学年开展该评估。

### 加利福尼亚州教育法典§60810（Cal. Educ. Code § 60810）
### 英语语言发展；其主要语言不是英语的学生；对现有评估的审查；评估的发展；学生不需要再参加测试中衡量英语语言能力的部分；向立法机关报告

（一）（1）督学应审查现有的非英语主要语言学生英语发展测试。用于首次能力确认的评估和终结性评估应包括但不限于，评估这些学生在英语阅读、口语和写作技能方面的成就。监督应确定哪些测试（如果有的话）满足分节（二）（含）至（六）（含）的要求。如果现有测试或现有系列测试符合这些标准，督学在获得州管理委员会批准后应就其调查结果和建议向立法机构做出报告。

……

（三）用于首次能力确认的评估应满足下列全部要求：

……

（2）能够在非英语主要语言学生中展开测试。

（5）与州管理委员会依据2013年6月30日第60811.3节而采用的英语发展标准相一致。

（四）用于首次能力确认的评估应被用于识别英语水平有限的学生。

（五）终结性评估应满足下列要求：

（4）能够在非英语主要语言学生中展开测试。

（7）与州管理委员会依据2013年6月30日第60811.3节而采用的英语发展标准相一致。

（六）终结性评估应用于以下两个目的：

（1）确定英语水平有限学生的英语熟练程度水平。

（2）评估英语水平有限的学生掌握英语听、说、读、写的能力。

（七）3年级至12年级的学生，不应被要求重新评估这些部分。

### 加利福尼亚州教育法典§66015.7（Cal. Educ. Code § 66015.7）
### 制订支持学习其他文化、全球性问题的计划以及国际学生和学者计划
### （2003年1月1日起生效）

（一）为了维护和加强加利福尼亚州国际教育的高质量，立法机关鼓

励所有公立和私立高等教育机构，根据它们的资源许可，进一步发展支持其他文化、全球问题和加利福尼亚州人与国际学生及学者交流的学习支持计划。

（二）对于加利福尼亚州学生和学者，鼓励机构在资源允许的情况下，完成以下所有内容：

（1）在尽可能多的领域发展学习课程，以增强学生对全球问题和文化差异的理解。

（2）提供除英语以外语言的课程，以培养学生的外国文化有效沟通能力，促进学生对他国价值观的理解。

（3）为所有专业的学生提供参与留学项目的机会，以丰富他们的学术培训、观点和个人发展。

（4）为国内和国际学生提供有效的交流机会，并在教育背景下与他们分享他们的观点、看法和经验。

（5）开发创新的公共教育论坛和场所，探索全球问题，展示世界文化。

（三）对于国际学生和学者，鼓励机构在资源允许的情况下完成下列各项工作：

（1）鼓励来自世界各地的合格学生的加入……

## 加利福尼亚州教育法典§78261.5（Cal. Educ. Code § 78261.5）
### 社区学院注册护理方案；多标准筛选过程；
### 模型招生过程；以议会和总督报告
### （2006年1月1日起生效）

依据本条进行的多标准筛选进程，应包括但不限于以下所有内容：

（A）申请人持有学术学位或文凭，或相关证明。

（B）相关课程的平均成绩。

（C）任何相关工作或志愿服务经历。

（E）参加熟练级别或高级级别的除英语以外的语言课程。名誉校长依据人口普查数据确认的除英语以外的高频语言才可获得学分，这些语言包括但不限于下列任何一种：

(i) 美国手语。
(ii) 阿拉伯语。
(iii) 汉语，包括其各种方言。
(iv) 波斯语。
(v) 俄罗斯语。
(vi) 西班牙语。
(vii) 他加禄语。
(viii) 印度次大陆和东南亚地区的各种语言。

## 加利福尼亚州健康和安全法典§123520
（Cal. Health & Safety Code § 123520）
授权的活动；服务英语能力有限的客户；协调现有供应商

本条规定
……

（3）提供本条中未具体列出的额外服务。这些额外的服务应包括但不应仅限于妇女、婴儿和儿童（WIC）食物补充计划，由当地卫生部门、公众和私人社会福利机构提供的服务。禁止以本条的任何规定为依据，以论量计酬、论人数计酬或其他支付机制补偿分包商。

（二）只要每一部门的年总受益人口中有至少5%或100人（以较少者为准）使用除英语外的语言且英语能力有限，就应为客户提供主要语言版本的所有服务和教育材料。"英语能力有限的"，是指一位使用除英语以外的语言才能有效沟通的人。

## 加利福尼亚州健康和安全法典§124300
（Cal. Health & Safety Code § 124300）
生育健康；信息材料；翻译为除英语以外的语言
（2012年1月27日起生效）

由财政部人口研究单位认定为拥有10%或以上非英语母语人口的县，其每一级地方卫生部门提供给公众的生育健康相关通告和小册子应有除英语以外语言的副本。

如有民众要求，州健康服务部应提供其发放给公众的生育健康宣传材料除英语以外的语言译本。

加利福尼亚州健康和安全法典 § 125340<br/>（Cal. Health & Safety Code § 125340）<br/>卵细胞获取前所需的书面和口头知情同意书<br/>（2007 年 1 月 1 日起生效）

本节首段

遵从《医学实验法》中的"人类受试者保护"［第 20 部分第 1.3 章（从 24170 节开始）］。

（三）如果卵细胞的捐献是依据国家或国际科学机构普遍认可和接受协议或标准，本章不应影响 2007 年 1 月 1 日前以研究为目的获取卵细胞的适用性或合适性。

（四）本节规定要求提供的任何书面文件，应当坚持简化阅读标准，包括但不限于政府出版物普遍接受和遵守的标准，并采用外行者能看懂的语言。如果研究受试者的语言以除英语以外的语言为主，该文件须提供这些受试者所使用语言的版本。书面知情同意中的所有信息，应以易于理解、不使用技术术语的方式口头告知受试者。

## （二）亚利桑那州语言文字立法文件（摘译）

亚利桑那州修正法规（Arizona Revised Statues）

第 15 编 教育（Title 15 Education）

第 7 章 指令（Chapter 7 Instruction）

第 3.1 条 公立学校孩童英语语言教育（Article 3.1 English Language Education for Children in Public Schools）

定义（15—751 Definitions）

在本条中，

1. "双语教育/母语教学"，是指在学生的语言习得过程中，大部分或全部讲授，包括教科书或教学材料，所使用的语言为孩子的母语而非英语。

2. "英语课堂"指教学人员使用的讲授语言为英语,并且教学人员具备良好的英语语言知识。英语课堂包括英语主流课堂和庇护英语浸入式课堂。

3. "英语主流课堂"指课堂中学生的母语为英语或者英语已经具有相当流利程度。

4. "英语学习者"或"英语能力有限的学生"指不会讲英语,或者母语不是英语,或者其目前还不能够用英语进行普通课堂作业的孩子。

5. "庇护英语浸入式"或"结构英语浸泡式"是指,在幼儿英语语言习得过程中,几乎所有的课堂教学是英文,但课程设置和演示是为学习该语言的孩子们专门设计。书籍和教学材料包括阅读、写作、科目题材都是英文,并以英语授课。虽然在必要时教师可以极少量地使用孩子的母语,但是任何科目都不得以英语以外的语言进行讲授,在学习计划中孩子们仅用英语学习阅读和写作。这种教育方法代表"庇护英语"或"结构英语"在教育文献中所示的标准定义。

英语语言教育(15—752 English *Language* Education)

受 15—753 免除条款的规定,亚利桑那州公立学校应以英语为授课语言给所有孩子教授英语,并且所有孩子都应该被安排在英语语言课堂内。归入英语学习者型的孩子应该在一般不超过一年的临时过渡期内通过庇护英语浸入式方法给予教学。应当允许但不要求当地学校将年龄不同但英语水平相近的学习者安排在同一个教室内。应当鼓励当地学校将来自不同母语背景但是英语流利度相同的学习者安排在相同教室内。一旦英语学习者获得了良好的工作英语知识,并能够用英语做常规的课堂作业,他们将不再被归类为英语学习者而应转入英语主流课堂。应该尽可能维持英语学习者目前的人均补助经费。对于已经懂英语的孩子们的外语课堂不受影响,身体残障或智力残障孩子的特殊教育项目也不受影响。

(赵军峰等译　刘斯文、金昊堉校)

# 第四编
# 日本语言文字立法文件

# 文字·活字文化振兴法

(平成十七年［2005年］7月29日法律第九十一号)

**第一条** (目的)

鉴于文字·活字文化是人类漫长历史中所积累的知识、智慧的承继与提高以及培养充实人性和发展健全民主中不可或缺的一部分，本法旨在振兴文字·活字文化的基本理念，明确国家与地方公共团体的职责，通过规定振兴文字·活字文化的必要事项，以求全面推动振兴我国文字·活字文化的政策，为实现智慧且丰富的国民生活以及有生命力的社会作出贡献。

**第二条** (定义)

本法所称的"文字·活字文化"，是指以读和写使用活字及其他文字所表现的事情（以下称为"文章"）为中心，所进行的精神活动、出版活动和为向人们提供"文章"的其他活动、出版物以及其他这些活动的文化果实。

**第三条** (基本理念)

推动振兴文字·活字文化的政策时，应当尊重所有国民的自主性，同时健全其平生在地区、学校、家庭以及其他各种场所中，不论居住地区、身体条件以及其他原因，都可以享受同等丰富的文字·活字文化恩惠的环境。

振兴文字·活字文化时，应当充分考虑国语为日本文化的基础。

学校教育中，为实现所有国民享受文字·活字文化的恩惠，在其整个教育课程中应当充分考虑培养阅读能力、书写能力和以这些能力为基础的语言能力（以下称为"语言能力"）。

**第四条** (国家的职责)

国家具有遵循第三条的基本理念（第五条称为"基本理念"），综合制定并实施振兴文字·活字文化政策的职责。

**第五条** （地方公共团体的职责）

地方公共团体具有遵循基本理念，考虑与国家合作，根据其地区的实际情况，制定并实施振兴文字·活字文化政策的职责。

**第六条** （强化与相关机关等的合作）

国家与地方公共团体为协调实施振兴文字·活字文化政策，应努力强化图书馆、教育机关和其他相关机关以及与民间团体的合作，健全必要的其他体制。

**第七条** （振兴地区文字·活字文化）

市町村为适应居民对图书馆服务的需求，应努力设置或恰当配置所需的公立图书馆。

国家与地方公共团体为使公立图书馆向居民提供适当的图书馆服务，采取健全图书馆管理员等人事制度、充实图书馆资料、健全推进信息化等物质条件以及为改善及提高公立图书馆运营的其他必要措施。

国家与地方公共团体应为促进大学和其他教育机关所进行的向一般公众开放图书馆、开设文字·活字文化相关的公开讲座以及贡献振兴地区文字·活字文化的其他活动，努力采取必要措施。

除前三款所规定外，国家与地方公共团体应为谋求振兴地区文字·活字文化，支援进行有助于振兴文字·活字文化活动的民间团体，采取其他必要措施。

**第八条** （培养学校教育中的语言能力）

国家与地方公共团体为了在学校教育中充分培养语言能力，应当采取普及有效方法及改善其他教育方法的必要措施，同时应当采取培养教育人员、充实研修内容以及其他提高其素质的必要措施。

国家与地方公共团体为健全有助于培养学校教育中的语言能力的环境，应当对于完备充实图书管理教师及担当学校图书馆业务的其他职员等人事体制、完备充实学校图书馆的图书馆资料及推进信息化等物质条件，采取必要措施。

**第九条** （文字·活字文化的国际交流）

国家尽量向国民提供各种各样国家的文字·活字文化的同时，为促进我国（日本）文字·活字文化在国外的普及，应当采取支持在我国（日本）中尚未广为人知的外国刊物翻译成日语及日语刊物翻译成外语，以及促进其他文字·活字文化的国际交流的必要措施。

**第十条** （普及学术刊物）

鉴于普及学术刊物的普遍困难，国家应当采取援助出版学术研究成果以及其他必要措施。

**第十一条** （文字·活字文化日）

为加深国民之间对文字·活字文化的关心和理解，设立文字·活字日。

十月二十七日为文字·活字文化日。

国家与地方公共团体在文字·活字文化日，应当努力实行符合其宗旨的活动。

**第十二条** （财政上的措施等）

国家与地方公共团体为实行振兴文字·活字文化的政策，应当努力采取必要的财政上的措施以及其他措施。

**附则**

本法自公布之日起施行。

（王帅译　曾亦诚校）

# 第五编
# 新西兰语言文字立法文件

# 一　1987年毛利语言法案（1991年修订）

公共法案　1987年第176号

通过日期　1987年7月20日

生效　参见第1章

目录

1. 简短标题与施行之始
2. 释义

毛利语的承认

3. 毛利语是新西兰的一种官方用语
4. 在法律诉讼中使用毛利语的权利
5. 承认的效力

毛利语委员会

6. 委员会的设立
7. 委员会的职能
8. 委员会的权力
9. 委员会须考虑政府政策 *[已废止]*
10. 年度报告 *[已废止]*
11. 其他人员和的机构的职责
12. 委员会成员
13. 与委员会有关的进一步规定
14. 议会为本法案拨出的款项 *[已废止]*

资格证书

15. 委员会颁发毛利语资格证书

16. 资格证书获得条件

17. 委员会可授权颁发资格证书

18. 法律程序背书

19. 对能力证书持有者的投诉

20. 规则[已废止]

21. 犯罪

其他规定

21A. 规则

22. 1975 年监察专员法案修正[已废止]

23. 1977 年高薪酬委员法案修正[已废止]

24. 废止

附件 1

毛利语在法院与法庭的使用

附件 2

与毛利语委员会相关联的条款

本法案承认毛利语为新西兰官方用语之一，授予在特定的法定程序中使用毛利语，以及成立毛利语委员会并界定其相关职能与权力。

标题：于 1991 年 6 月 20 日，被 1991 年《毛利语修正案》（1991 年，第 40 号）第 2 条第 2 项所修订。

鉴于怀唐伊王室承认并向毛利人民保证除其他事项外毛利人民的财产；鉴于毛利语属于这样一种财产。

**1. 简短标题与施行之始**

（1）本法案可被作为 1987 年《毛利语言法案》而被引用。

（2）第 4 条应于 1988 年 2 月 1 日起施行。

（3）除（2）中规定外，法案应于 1987 年 8 月 1 日起生效。

**2. 释义**

在本法中，除非文意另有所指：

资格证书，是指依本法规定颁发的毛利语能力合格证书。

委员会，是指根据本法第 6 条成立的毛利语委员会。

与毛利语相关，是指由毛利语口头表达的英语和由英语口语表达的毛利语。

法律程序，是指包括下列若干种情形的程序：

（a）附件1中提到的法院或裁判所进行的法律程序。

（b）验尸官进行的任何法律程序。

（c）调查和报告毛利人或毛利人部落、群体特别关心的任何事项的法律程序。

（i）依据1908年《调查委员会法案》成立的调查委员会。

（ii）依据任意成文法，法庭或其他机构拥有调查委员会任何权力。

（iii）依据2013年《调查法案》第6条适用的调查。

部长，指毛利事务部长。

审判长，指在法律程序中主审法官或其他人。

翻译，就毛利语而言，指用毛利语书面表达英语和用英语书面表达毛利语。[①]

毛利语的承认

**3. 毛利语是新西兰的一种官方用语**

现宣布毛利语为新西兰的官方语言之一。

**4. 在法律诉讼中使用毛利语的权利**

（1）在任何法律程序中，下列人员可以使用毛利语，不论他们是否能够使用英语或其他语言理解或沟通：

（a）正在进行诉讼的，法院、裁判所或其他机构的任何官员；

（b）任何一方当事人或证人；

（c）任何一方的律师；

（d）任何得到裁判长许可的人。

（2）由第（1）款所赋予的毛利语权利不能：

（a）赋予该条款所述的任何人坚持用毛利语回答问题的权利；

（b）赋予除裁判长以外的任何人要求以毛利语记录诉讼过程或部分诉讼过程的权利。

（3）任何人在法律程序中使用毛利语，裁判长应确保有相应的翻译员。

（4）在诉讼程序中，出现任何与从毛利语译到英语或从英语译到毛

---

[①] 本条中，委员会：于1991年6月20日，被1991年《毛利人语言法修正案》（1991年，第40号）的第2条第（3）项所代替。本条中，法律程序（c）款：于2013年8月27日，被2013年《调查法》（2013年，第60号）第39条所取代。

利语的准确性有关的问题,应由裁判长以其认为合适的方式确定。

(5)可以制定法院规则或其他适当的诉讼程序规则,要求任何在诉讼程序中意欲使用毛利语的人给予合理的通知,并规范在此类诉讼中使用毛利语的程序。

(6)法院规则或他适当的程序规则可能未能给出一个与裁决成本相关的必要通知,但任何人不能因此而被剥夺在任何法律程序中使用毛利语的权利。

**5. 承认的效力**

第3或第4条的规定不能:

(a)影响除此条款以外的任何人享有的使用毛利语通信或交流的权利;

(b)影响新西兰其他语言群体使用其语言的权利。

毛利语委员会

**6. 委员会的成立**

(1)现设立委员会,称为毛利语委员会。

(2)该委员会是依2004年《官方实体法》第7条之目的而设立的官方实体机构。

(3)除非有特别说明,2004年《官方实体法》适用于本委员会。

**7. 委员会的职能**

该委员会的职能如下:

(a)发起、制定、协调、审查、建议和协助执行为实施毛利语作为新西兰官方语言的宣言而制定的政策、程序、措施和做法;

(b)大力推广毛利语尤其是扩大毛利语在日常生活交流中的使用;

(c)第15—20条授予委员会的与毛利语资格证书有关的职能;

(d)审议并向部长报告任何有关毛利语之事项,部长可不时地向委员会提出其建议;

(e)任何其他成文法所赋予委员会的其他职能。

**8. 委员会的权力**

(1)[废止]

(2)除了2004年《官方实体法》第16和17条限制条款外,该委员会可:

(a)实施、举行或参加委员会认为能使其确定毛利人在推广和使用毛利语方面的意见和意愿的所有调查、听证和会议；

（b）对毛利语的使用开展研究或委托研究；

（c）就政府部门或其他机构的工作人员或与之有公务往来的人在处理业务过程中使用毛利语的问题，与政府部门和其他机构协商并接受政府部门和其他机构的建议；

（d）就关于使用毛利语公布相关信息；

（e）向部长报告委员会认为任何应提请部长注意的有关毛利语之事项。①

**9. 委员会须考虑政府政策**

［已废止］

第9节：于2005年1月25日，被2004年《官方实体法》（2004年，第115号）第200条废止。

**10. 年度报告**

［已废止］

第10节：于2005年1月25日，被2004年《官方实体法》（2004年，第115号）第200条废止。

**11. 其他人员和的机构的职责**

本法上述任何规定均不影响任何官方部长或其他人士，或任何政府部门或其他机构在本法通过前就毛利语相关事宜所承担的任何责任。

**12. 委员会成员**

（1）委员会理事会成员不超过5人。

（2）［已废止］

（3）在考虑委员会成员聘用人选时，部长须考虑该人选的个人素质，以及该人选在委员会任职前关于毛利语运用的相关知识和经验。

（4）第（3）项不限制2004年《官方实体法》的第29条。

**13. 与委员会相关的进一步规定**

附件2之条款 就关于委员会及其事务方面具有效力。

**14. 议会为本法案拨出的款项**

［已废止］

---

① 本条第（1）款：于2005年1月25日，被2004年《官方实体法》（2004年，第115号）第200条废止。本条第（2）款：于2005年1月25日，由2004年《官方实体法》（2004年，第115号）第200条修订。

第 14 条：于 2005 年 1 月 25 日，被 2004 年《官方实体法》（2004 年，第 115 号）废止。

资格证书

**15. 委员会颁发毛利语资格证书**

（1）任何人的毛利语运用能力达到委员会设定的标准，并向委员会申请，应颁发资格证书。

（2）毛利语证书，须是以下三种之一：

（a）毛利语解释能力的证书；

（b）毛利语翻译能力的证书；

（c）毛利语解释与翻译能力的证书。

（3）任何人，在本法生效前，根据 1953 年《毛利人事务法案》第 7 条被授权作为一个毛利语翻译者，将有权提出申请，在向委员会提出申请之日后的 2 年内，可被委员会授予解释和翻译毛利语方面的资格证书。

**16. 资格证书获得条件**

为确定申请人是否符合持有毛利语资格证书的要求，委员会应编制和发布相关标准评估申请人毛利语口译或笔译能力。

**17. 委员会可授权颁发资格证书**

（1）除第 15 条规定外，委员会可授权其他任何人或团体，考核与颁发毛利语资格证书。

（2）委员会可根据（1）组建相关代表处，但该代表处应符合 2004 年《官方实体法》第 73 条的要求。

（3）［已废止］

（4）［已废止］

附件 17 条第 2 款：于 2004 年 1 月 25 日，2004 年《官方实体法》（2004 年，第 115 号）第 200 条废止。

附件 17 条第 3 款：于 2004 年 1 月 25 日，2004 年《官方实体法》（2004 年，第 115 号）第 200 条废止。

附件 17 条第 4 款：于 2004 年 1 月 25 日，2004 年《官方实体法》（2004 年，第 115 号）第 200 条废止。

**18. 法律程序背书**

（1）委员会可对具有毛利语口译能力或（视情况所需而定）笔译能力或两者能力兼具的任何人的资格证书进行背书，如果委员会认为该证书持有者：

（a）在毛利语口译或（视情况所需而定）笔译或二者兼具方面具有足够的能力；

（b）接受过关于法律程序方面的口译或笔译的培训或指导。

（2）凡持有根据本条批署的合格证书的人，在出示证书时，须被承认有能力为任何法律程序而解释毛利语或（视情况所需）翻译毛利语或两者兼有；但任何持有人无权坚持行事，任何一方当事人、证人或其他人均无权要求持证人在任何特定诉讼中担任口译员或翻译人员或两者兼任。

（3）在任何诉讼过程中，审判长认为任何毛利语证书的持有者（不论是否已根据本条被背书）：

（a）未能为法律程序之目的适当地进行口译或笔译；

（b）已发生在诉讼过程中出现不符合口译员和翻译人员职责的行为；

审判长可将相关报告提交于委员会，如有不符行为的并应根据第19条提出申诉。

### 19. 对资格证书持有者的投诉

（1）任何人可基于以下理由就毛利语资格证书持有者向委员会提出申诉：

（a）持证者在毛利语的口译或笔译过程中能力不足以引起对其证书持有资格的质疑时；

（b）持证者在法律程序从事口译或笔译工作时，其行为方式与法律的要求不符。

（2）除非委员会证实投诉毫无理由和根据，委员会应将申诉的副本发送给申诉所涉及的人，并给予其一个到委员会进行书面答复的机会。

（3）如依据本条第（1）款（a）项，对投诉进行调查之后，委员会认为被投诉者欠缺持有毛利语证书的能力，委员会可：

（a）取消其资格证书；

（b）暂时吊销合格证书直至委员会认为上述被投诉者符合证书相关能力要求时。

（4）如果依据本条第（1）款（b）项对投诉进行调查之后，委员会认为持证者在法律程序中从事口译或笔译工作时，其行为方式与法律的要求不符，委员会可：

（a）根据本法第18条取消该持有人对先前持有资格证书的任何

背书；

（b）若先前未对资格证书背书，则在其资格证书上另背书说明该持有人不被认可其具有在任何法律程序中进行毛利语口译或笔译的能力。

（5）委员会须在依据本条第（3）款或第（4）款作出决定之后尽快给予该持有人关于该决定以及相关原因的书面说明。

（6）委员会决定取消、暂停或认可毛利语资格证书，应当在第（5）款发出的通知中，要求持有人交出毛利语能力证书。

**20. 规则**

［已废止］

第20节：于1991年6月20日，被1991年《毛利语修正案》（1991年40号）废止。

**21. 犯罪**

如其无法提供合理理由，任何人实施犯罪都应对其行为负责，一经定罪，罚金不得超过500新西兰元，被处罚人应按照第19条第（6）款的要求向委员会上交毛利语资格证书。①

其他规定

标题：于1991年6月20日，由1991年《毛利人语言修正案》（1991年40号）第5条第（1）款修订。

**21A. 规则**

总督可依据部长根据委员会的建议提出的意见发出枢密院令，为下列任何目的制定规则：

（a）对下列事项进行收费——

（i）毛利语资格证书考试；

（ii）申请、颁发毛利语资格证书；

（iii）委员会提供的其他服务。

（b）对此申请应遵循的程序进行规定。

第21条A：于1991年6月20日，由1991年《毛利语言修正案》（1991年40号）第5条第（1）款增补。

**22. 1975年监察专员法案修正**

［已废止］

---

① 第21条：于2013年7月1日，被2011年《刑事诉讼法》（2011年，第81号）修订。第21条：于1991年6月20日，由1991年《毛利语修正案》（1991年40号）第4条修订。

第 22 条：于 1991 年 6 月 20 日，由 1991 年《毛利语言修正案》（1991 年 40 号）第 2 条第（4）款修订。

### 23. 1977 年较高薪酬委员会法案修正

[已废止]

第 23 条：于 1988 年 4 月 1 日，由 1998 年《较高薪酬委员会修正案》（1988 年，第 24 号）第 15 条第（1）款废止。

### 24. 废止

第（1）—（2）款另列入法案。

**附件 1**

使用毛利语的法院与法庭

A 部分

法院

最高法院

上诉法院

高等法院

地区法院

就业法庭

家庭法院

儿童和少年法院

青年法院

毛利人土地法院

毛利人上诉法院

附件 1　A 部分：于 2004 年 1 月 1 日，被 2003 年《最高法院法案》（2003 年，第 53 号）第 48 条第（1）款修订。

附件 1　A 部分：于 2000 年 10 月 2 日，被 2000 年《就业关系法》（2000 年，第 24 号）第 240 条修订。

附件 1　A 部分：于 1991 年 6 月 20 日，被 1991 年《毛利语言法修正案》《1991 年，第 40 号》第 3 条第（2）款修订。

附件 1　A 部分：于 1989 年 11 月 1 日，被 1989 年《儿童和年轻人法院及其家庭法案》（1989 年，第 24 号）第 449 条修订。

B 部分

法庭

怀唐伊法庭

雇佣关系局

平等机会裁判所

租赁法庭

规划法庭

根据 1988 年《争讼法庭法案》设立的争讼法庭

附件 1　B 部分：于 2000 年 10 月 2 日，被 2000 年《就业关系法》第 240 条（2000 年，第 24 号）修订。

附件 1　B 部分：于 1991 年 6 月 20 日，被 1991 年《毛利语言法修正案》（1991 年，第 40 号）第 3 条第（3）款修订。

附件 1　B 部分：于 1989 年 3 月 1 日，1988 年《争讼法庭法案》（1988 年，第 110 号）第 82 条第（2）款修订。

**附件 2**

关于毛利语委员会的相关条款

附件 2 标题：于 1991 年 6 月 20 日，由 1991 年《毛利语法修正案》（1991 年，第 40 号）第 2 条第（5）款修订。

1. 委员任期

[已废止]

附件 2 第 1 条：于 2005 年 1 月 25 日，被 2004 年《官方实体法》（2004 年，第 115 号）第 200 条废止。

2. 委员会会议

[已废止]

附件 2 第 2 条：于 2005 年 1 月 25 日，被 2004 年《官方实体法》（2004 年，第 115 号）第 200 条废止。

3. 未经会议批准决议草案

[已废止]

附件 2 第 3 条：于 2005 年 1 月 25 日，被 2004 年《官方实体法》（2004 年，第 115 号）第 200 条废止。

4. 委员会可授权主席执行和实施委员会的职能和权力

[已废止]

附件 2 第 4 条：于 2005 年 1 月 25 日，被 2004 年《官方实体法》（2004 年，第 115 号）第 200 条废止。

5. 印章

［已废止］

附件2第5条：于2005年1月25日，被2004年《官方实体法》（2004年，第115号）第200条废止。

6. 工会

［已废止］

附件2第6条：于2005年1月25日，被2004年《官方实体法》（2004年，第115号）第200条废止。

7. 就业专家

［已废止］

附件2第7条：于2005年1月25日，被2004年《官方实体法》（2004年，第115号）第200条废止。

8. 对委员会成员与工作人员特定法案的应用

［已废止］

附件2第8条：于2005年1月25日，被2004年《官方实体法》（2004年，第115号）第200条废止。

9. 委员会成员的佣金、报酬、津贴以及费用

［已废止］

附件2第9条：于2005年1月25日，被2004年《官方实体法》（2004年，第115号）第200条废止。

10. 养老金或退休津贴

（1）给委员长提供的养老金或退休津贴将以资助的形式拨入退休计划中。（根据2013年《财政市场实施法案》第6条第1款）

（2）根据1956年《政府养老基金法案》第二部分，任何人在成为一名委员会干事或委员会雇员或委员之前，应向政府养老基金缴款。法案规定，只要其继续是委员会干事或委员会雇员或委员，该法就一直适用。

（3）根据1956年《政府养老基金法案》规定，一旦有人终止缴款则第（2）款中任何事项对此人均不适用。

（4）为了按照第（2）款的规定适用1956年《政府退休金法案》，委员会的服务人员，无论是官员、雇员还是成员，并且其是政府退休金基金的缴纳人，此类人员受委员会的管理。

附件2第10条第（1）款：于1992年7月1日，被1992年《较高薪

酬委员会修正案》（1992年，第130号）第4条取代。

附件2第10条第（1）款：于2014年12月1日，被2013年《财政市场（废止与修订）法案》（2013年，第70号）第150条修订。

附件2第10条第（1）款：于2005年1月25日，被2004年《官方实体法》（2004年，第115号）第200条修订。

11. 委员会基金

［已废止］

附件2第11条：于2005年1月25日，被2004年《官方实体法》（2004年，第115号）第200条废止。

12. 银行账户

［已废止］

附件2第12条：于2005年1月25日，被2004年《官方实体法》（2004年，第115号）第200条废止。

13. 官方实体

［已废止］

附件2第13条：于2005年1月25日，被2004年《官方实体法》（2004年，第115号）第200条废止。

14. 投资

［已废止］

附件2第14条：于2005年1月25日，被2004年《官方实体法》（2004年，第115号）第200条废止。

15. 免征所得税

委员会收入应免征所得税。

16. 王室可为委员会提供服务

［已废止］

附件2第16条：于2005年1月25日，被2004年《官方实体法》（2004年，第115号）第200条废止。

重印注解

1. 总体

这是1987年《毛利语言法案》重印版，包含最新修正案及之前的所有修正案在内。

2. 法律地位

因为重印日期是在法律制定主体通过法案后，包括了该法则的任何修改，所以重印版本被推定为正确版本。2012 年《立法法》第 18 条对此重印进行规定，并以电子形式发布，在法案第 17 条规定下其具有官方版本的地位。重印直接从这个官方电子版本产生，同时也具有官方法律地位。

3. 版本及格式变化

重印的版本及格式变化的形成的权力是基于 2012 年《立法法》第 24 条至第 26 条。参见 http://www.pco.parliament.govt.nz/editorial-conventions/。

4. 本重印中包含的修正案

2013 年《财政市场（废止与修订）法案》（2013 年，第 70 号）第 150 条

2013 年《调查法》（2013 年，第 60 号）第 39 条

2011 年《刑事诉讼法》（2011 年，第 81 号）第 413 条

2004 年《官方实体法》（2004 年，第 115 号）第 200 条

2003 年《最高法院法》（2003 年，第 53 号）第 48 条第（1）款

2000 年《就业关系法》（2000 年，第 24 号）第 240 条

1992 年《较高薪酬委员会修正案》（1992 年，第 130 号）第 4 条

1991 年《毛利语修正案》（1991 年，第 40 号）

1989 年《儿童和年轻人法院及其家庭法案》（1989 年，第 24 号）第 449 条

1988 年《争讼法庭法案》（1988 年，第 110 号）第 82 条第 2 款

1992 年《较高薪酬委员会修正案》（1992 年，第 130 号）第 15 条第 1 款

（刘青译　姚丹萍校）

# 二　2006年新西兰手语法案

公共法案　2006年第18号
通过日期　2006年4月10日
生效　参见第2条

**1. 标题**
2006年新西兰手语法案
**2. 法案生效时间**
法案在国王对国会决议批准后的第二天生效。

**基本规定**

**3. 目的**
这个法案的目的是通过以下方式来促进和维护新西兰手语：
（1）宣布新西兰手语是新西兰的官方语言之一；
（2）允许在法律程序中使用新西兰手语；
（3）为在法律程序中使用新西兰手语制定标准；
（4）指导政府部门推广和使用新西兰手语。
**4. 法律解释**
在这个法案里，除法条另有规定外，聋哑人社区意味着：
（1）来自不同的语言和文化群体的聋哑人，都可将新西兰手语作为他们的第一或首选语言；
（2）聋哑人或者与第一项中提到的群体相一致的人。
政府部门，是指在《1975监察员法案》第一条第一款中所指的政府。
解释，就新西兰手语而言，意味着：
（1）将新西兰手语词汇的解释成英语或者毛利语；

（2）将英语或毛利语解释成新西兰手语。

法律程序指：

（1）法院或裁判所进行的法律程序；

（2）验尸官进行的任何法律程序；

（3）调查和报告聋哑人特别关注的事项的程序：

（a）根据《1908年调查委员会法》进行的调查，

（b）根据法律规定具有调查委员会的权力的法院或其他机构进行的调查，

（c）根据《2013年调查法案》进行的调查，

调查和报告聋哑人社区特别关注的任何问题。

部长是指根据法律在总理授权下负责法案的实施。

新西兰手语是指视觉和手势语言，是新西兰不同语言和文化的聋哑人的第一或首选语言。

裁判长，就任何法律程序而言，指主持诉讼程序的法官或其他人。

翻译，就新西兰手语而言，意味着：

（1）英语和毛利语的书面表达用新西兰手语表达出来；

（2）新西兰手语用英文或毛利语的书面形式表达出来。

**5. 法案对法官的约束力**

本法案对法官具有约束力。

## 新西兰手语

**6. 新西兰手语是新西兰的官方语言**

**7. 有权在任何法律程序中使用新西兰手语**

第一，在任何法律程序中，下列任何人员将新西兰手语作为第一语言都可以使用新西兰手语：

（a）正在进行诉讼的，法院、裁判所或其他机构的任何官员；

（b）任何一方当事人或证人；

（c）任何一方的律师；

（d）任何得到裁判长许可的人。

第二，上款提到的使用新西兰手语权利的，不包括以下情况：

（a）将权利赋予那些并非旨在用新西兰手语解决诉讼或回答问题的人；

（b）除了裁判官以外的其他人要求用新西兰手语记录诉讼全过程或部分过程。

第三，当第一款中提到的有权使用新西兰手语的人准备提起诉讼时，裁判官必须确保合格的翻译官可用。

第四，凡法律程序中，在将新西兰手语翻译成口语或书面语，或将口语或书面语翻译为新西兰手语出现翻译的准确性问题时，由裁判官以其认为适当的方式来解决。

第五，可以制定法院规则或其他适当的诉讼程序规则，要求对任何在诉讼程序中意欲使用新西兰手语的人给予合理的通知，并规范在此类诉讼中使用新西兰手语的程序。

第六，法院规则或其他适当的程序规则可能未能给出一个与裁决成本相关的必要通知，但任何人不能因此而被剥夺在任何法律程序中使用毛利语的权利。

**8. 法律承认的影响**

第一，除第七条外，第六条不产生任何法律上的强制执行力。

第二，第六条和第七条中不包括：

（1）影响除此条款以外的任何人享有的使用新西兰手语通信或交流的权利；

（2）影响新西兰其他语言群体使用其语言的权利。

## 指导政府部门的原则

**9. 原则**

第一，为了保证政府部门在合理可行的范围内履行职责，应以下列原则为指导：

（1）政府应给聋哑人就新西兰手语的使用问题提供咨询和服务（例如推广新西兰手语的使用）；

（2）政府为公众提供服务和信息时应使用新西兰手语；

（3）政府服务和信息应该通过适当的手段使聋人团体知晓（包括使用新西兰手语）。

第二，政府部门根据第一款第（1）项进行的咨询，须在合理切实可行的范围内，由咨询政府部门的行政长官进行，由行政长官认为代表聋人社区成员利益的人士或组织进行交流。

第三，第一款原则的目的是促进政府为聋哑人团体提供信息和公共服务，但是第一款中规定的聋哑人所享有的这些优势并不排除亦被其他人士所享有。

**10. 报告**

第一，部长不时地报告第九条实施原则的项目进展。

第二，第一款的报告可以被包含在《2000年新西兰公共卫生和残疾法》的第八条第四款规定的关于实施新西兰残疾战略的进展报告中。

## 其他规定

**11. 法案的审查**

第一，只要法案是可行的，在其生效之日起的3年内，部长必须准备一份报告：

（1）自法案实行以来的实行情况；

（2）以及本法的范围和内容是否需要进行一些必要的修改。

第二，部长必须确保与代表聋哑人利益的个人和组织就报告中要考虑的问题进行磋商。

第三，部长必须向众议院提交该报告的副本。

**12.《新西兰1990年的人权法案》不会受到影响**

本法案不会影响《新西兰1990年的人权法案》。

## 条例

**13. 条例**

第一，总督可以不时地通过枢密院令作出基于以下目的的全部或任何规定：

（1）规定在法律程序中担任新西兰手语的翻译官必须达到的合格标准；

（2）管理本法所必需的或使本法充分生效所必需的任何其他事项。

第二，在第一款第（1）项下制定的条例必须包含（或提供，对其他事项外的确定和公布）在法律程序中担任新西兰手语翻译官能力评估的标准。

（刘青译　姚丹萍校）

# 第六编
俄罗斯语言文字立法文件

# 一　俄罗斯联邦官方语言[①]法

（2005年6月1日第53—ФЗ号联邦法）

2005年5月20日由国家杜马颁布
2005年5月25日由俄罗斯联邦委员会通过

2013年7月2日第185—ФЗ号联邦法、2014年5月5日第101—ФЗ号联邦法和2021年4月3日第117—ФЗ号联邦法对本法进行了修订

序言

本联邦法旨在保障俄罗斯联邦的官方语言在俄罗斯联邦全境的使用，保障俄罗斯联邦公民使用俄罗斯联邦官方语言的权利，保护和发展语言文化。

**第一条**　俄语作为俄罗斯联邦的官方语言

1. 俄语依《俄罗斯联邦宪法》为俄罗斯联邦全境的官方语言。

2. 俄语作为俄罗斯联邦官方语言的地位，决定了其须在本联邦法、其他各部联邦法、1991年10月25日颁布的《俄罗斯联邦民族语言法》（N1807—I）以及其他俄罗斯联邦规范性法律文件所确定之范围内被使用，决定了其应受保护与支持，也决定了俄罗斯联邦公民使用俄罗斯联邦官方语言的权利应受保障。

3. 对于作为俄罗斯联邦官方语言使用时的现代俄语标准语的用语规范、俄语正字法规则及标点符号规则的批准程序，由俄罗斯联邦政府

---

[①]　俄语原文使用"государственный язык"这一表达方式，若直译则为"国家语言"。——译注

确定。

4. 俄罗斯联邦官方语言是一门能够促进统一多民族国家中各联邦民族之间相互理解、加强各族联系的语言。

5. 对作为俄罗斯联邦官方语言的俄语的保护与支持，有助于使俄罗斯联邦各族的精神文化得以繁荣与相互丰富。

6. 在将俄语作为俄罗斯联邦官方语言使用时，不得使用不符合现代俄语标准语规范的词语与表达方式，包括使用粗俗语言，但在俄语中没有通用对应词的外来语除外。

7. 使用俄罗斯联邦官方语言的必要性，不应被解释为对俄罗斯联邦境内各组成共和国使用其官方语言和使用俄罗斯联邦各民族语言使用之权利的否定或限制。

**第二条** 有关俄罗斯联邦官方语言的联邦立法

有关俄罗斯联邦官方语言的立法以俄罗斯联邦宪法、国际法的基本原则和规范、俄罗斯联邦（签署的）国际条约为基础，由本联邦法、其他各部联邦法、1991年10月25日颁布的《俄罗斯联邦民族语言法》（N1807—I）以及其他调整语言问题的俄罗斯联邦规范性法律文件组成。

**第三条** 俄罗斯联邦官方语言的使用范围

1. 俄罗斯联邦官方语言必须用于：

1) 联邦国家权力机关、俄罗斯联邦主体的国家权力机关、其他国家机关、地方自治机关、各种所有制形式的组织的活动，包括公文处理活动；

2) 联邦国家权力机关、俄罗斯联邦主体的国家权力机关、其他国家机关、地方自治机关、各所有制形式的组织的命名；

3) 选举和全民公投的筹备与进行；

4) 宪法、民事、刑事、行政诉讼程序，仲裁法院的诉讼程序，联邦法院的公文处理，治安法官和其他俄罗斯联邦主体法院的诉讼程序及公文处理；

5) 俄罗斯联邦（签署的）国际条约、法律以及其他规范性法律文件的正式颁布；

6) 联邦国家权力机关、俄罗斯联邦主体的国家权力机关、其他国家机关、地方自治机关、各种所有制形式的组织与俄罗斯联邦公民、外国公民、无国籍人士以及社会团体的相互关系；

7）地物与路标名称的书写；

8）对俄罗斯联邦公民身份证明文件（俄罗斯联邦法律另有规定的除外）的办理，对与民事状态文件进行国家登记有关的证明的公文用纸的制作，对有关教育的文件和/或由 2012 年 12 月 19 日颁布的第 271—Ф3 号联邦法《俄罗斯联邦教育法》所确定模板的资格文件的制作，其他依俄罗斯联邦立法应以俄罗斯联邦官方语言完成的文件制作，俄罗斯联邦境内往来电报、信件、汇款的收寄信人地址填写；

9）大众传媒作品中；

9.1）在影院放映电影时；

9.2）在通过舞台表演、文化教育及游艺娱乐等活动形式公开演出文学、艺术作品和民间创作时；

10）在广告中；

11）在各部联邦法规定的其他领域。

1.1. 在本条第 1 款第 9 项、第 9.1 项、第 9.2 项和第 10 项规定的领域内，以及在俄罗斯各部联邦法规定的其他情况下，俄罗斯联邦各组成共和国的官方语言和俄罗斯联邦各民族语言可与俄罗斯联邦官方语言共同使用，而在俄罗斯联邦立法规定的情形下，亦可同时使用外语。

2. 在本条第 1 款所规定的各种领域将俄罗斯联邦各组成共和国的官方语言、俄罗斯联邦各民族语言或外语与俄罗斯联邦官方语言共同使用时，若俄罗斯联邦立法未作其他规定，以俄语、俄罗斯联邦各组成共和国官方语言、俄罗斯联邦各民族语言或外语书写的文本，应在内容和技术处理上完全一致、用语考究。以俄语、俄罗斯联邦各组成共和国官方语言、俄罗斯联邦各民族语言或外语为载体的声音信息（包括音频与视频材料、广播与电视节目），若俄罗斯联邦立法未作其他规定，亦应在内容、读法和传递方式上保持一致。

3. 本条第 2 款内容不适用于商号、商标、专用服务标识，也不适用于用作俄罗斯联邦各组成共和国的官方语言、俄罗斯联邦各民族语言或外语之教学的广播与电视节目、音频与视频材料、出版物。

**第四条** 保护与支持俄罗斯联邦的官方语言

为了保护和支持俄罗斯联邦官方语言，俄罗斯联邦国家权力机关在其职权范围内：

1）保障俄罗斯联邦官方语言在俄罗斯联邦全境的使用；

2）制定并通过联邦法律、其他俄罗斯联邦规范性法律文件，制定并实施以保护和支持俄罗斯联邦官方语言为目标的专项规划；

3）制定措施保障俄罗斯联邦公民使用俄罗斯联邦官方语言的权利；

4）为完善对俄语领域专业人才和对外俄语教师教育培训体系采取相应措施，为俄罗斯联邦境外俄语教育机构培养教学科研人员；

5）促进俄罗斯联邦境外的俄语学习；

6）为俄语词典和语法的出版发行提供国家支持；

7）通过组织实施独立鉴定来监督联邦境内对俄罗斯联邦官方语言相关规范的遵守情况，包括对使用不符合现代俄语标准语言规范的词语和表达方式的监督；

8）制定其他措施来对俄罗斯联邦官方语言予以保护和支持。

**第五条** 保障俄罗斯联邦公民使用官方语言的权利

1. 为对俄罗斯联邦公民使用官方语言的权利予以保障，必须：

1）在国立和市政教育机构以俄语接受教育；

2）在联邦国家权力机关、俄罗斯联邦主体的国家权力机关、其他国家机关、地方自治机关、各种所有制形式的组织以俄语获取信息；

3）以俄语通过全俄、地区、市政大众传媒来获取信息。该规定不适用于专门为俄罗斯联邦各组成共和国的官方语言、俄罗斯联邦各民族语言或外语进行电视和/或广播抑或进行印刷物出版发行而设立的大众传媒。

2. 未掌握俄罗斯联邦官方语言的人士，于各部联邦法所规定之情形下在俄罗斯联邦境内行使其权利和保护其自身合法利益时，可通过翻译保障其权利。

**第六条** 违反俄罗斯联邦官方语言相关立法应承担的责任

1. 任何限制使用俄语作为俄罗斯联邦官方语言的联邦法律、其他俄罗斯联邦规范性法律文件、各俄罗斯联邦主体的法律及其他规范性法律文件，以及其他阻碍公民行使其使用俄罗斯联邦官方语言权利的行为与侵害，将产生俄罗斯联邦立法所规定的相应责任。

2. 违反本联邦法将产生俄罗斯联邦立法所规定的相应责任。

**第七条** 本联邦法的生效

本联邦法自正式颁布之日起生效。

俄罗斯联邦总统
В. В. 普京
莫斯科克里姆林宫
2005年6月1日
№53—Ф3

(张燏译　杨天放校)

# 二　俄罗斯联邦民族语言法

（1991年10月25日第1807—1号联邦法）

1998年7月24日第126—Ф3号联邦法、2002年12月11日第165—Ф3号联邦法、2013年7月2日第185—Ф3号联邦法、2014年3月12日第29—Ф3号联邦法、2020年7月31日第268—Ф3号联邦法和2021年6月11日第182—Ф3号联邦法对本法进行了修订

## 序言

俄罗斯联邦的各民族语言是俄罗斯国家的民族财富。

俄罗斯联邦的各民族语言受国家保护。

国家在俄罗斯联邦全境促进各民族语言、双语制和多语制的发展。

本法旨在为俄罗斯联邦各民族语言的保留、平等和独特发展创造条件，以期成为对法人与自然人活动的法律调整系统形成的基础，和为实现本法目的规范性法律文件的编制基础。

不得在俄罗斯联邦境内进行针对任何语言的敌视或蔑视宣传，不得在语言使用中对任何有违宪法所规定的各项民族政策基本原则设置障碍、限制和特权，不得违反俄罗斯联邦关于各民族语言的立法。

## 第一章　总则

**第一条**　俄罗斯联邦关于各民族语言的立法

1. 有关俄罗斯联邦各民族语言的立法，以俄罗斯联邦宪法、国际法

的基本原则和规范、俄罗斯联邦（签署的）国际条约为基础，由本联邦法、其他各部联邦法以及俄罗斯联邦各主体的法律和其他规范性法律文件组成。

2. 本法涵盖了应受法律调整的语言交流各领域。但在非官方的人际相互关系、社会团体或宗教团体间的社会活动与宗教活动中，本法不对俄罗斯联邦各民族语言使用的法律规范作出要求。

**第二条** 俄罗斯联邦各民族语言平等的国家保障

1. 俄罗斯联邦各民族语言平等是民族与个人对民族语言保留和全面发展的权利与自由选择、自由使用交流用语的权利的总和。

2. 俄罗斯联邦保障其各民族在保留和全面发展民族语言、选择与使用交流用语方面享有平等权利，不论该民族的人口数量多寡。

3. 俄罗斯联邦保障每个人使用其母语的权利和自由选择交流用语、教养用语、教学用语和创作用语的权利，无论其出身、社会地位及财产状况、种族与民族属性、性别、教育程度、对宗教的态度以及居住地。

4. 俄罗斯联邦各民族语言平等受法律保护。任何人都无权在使用某种语言时设置任何障碍或特权，俄罗斯联邦立法规定的情形除外。本法所制定的规范既适用于俄罗斯公民，也适用于位于俄罗斯联邦境内的外国公民和无国籍人士。

**第三条** 各种语言的法律地位

1. 俄语为俄罗斯联邦全境的官方语言。

2. 各共和国有权根据《俄罗斯联邦宪法》确定其官方语言。

3. 俄罗斯联邦各主体有权根据本法颁布有关保护公民自由选择交流用语、教养用语、教学用语和创作用语之权利的法律和其他规范性法律文件。

4. 在没有自己的民族国家构成和民族区域构成或生活在其区域之外的人口聚居地内，在使用俄语及各共和国官方语言的同时，可在官方交流领域使用当地居民的语言。此类地区的语言使用办法由俄罗斯联邦及其各主体的立法确定。

5. 国家承认俄罗斯联邦各民族语言在保留和发展方面均享有平等的权利。俄罗斯联邦各民族语言均受国家支持。

6. 在俄罗斯联邦，俄罗斯联邦官方语言与各共和国官方语言的字母表均在西里尔字母的字形基础之上创制。俄罗斯联邦官方语言与各共和国官方语言字母表的其他字形基础,可由各部联邦法确定。

7. 对俄罗斯联邦各原住少数民族的语言规范和对这些语言的正字法与标点符号系统的审批办法,由俄罗斯联邦政府确定。

**第四条** 对俄罗斯联邦各民族语言的保障

1. 俄罗斯联邦各民族语言受国家保护。俄罗斯联邦的立法、行政和司法机关应保证与保障俄罗斯联邦各民族语言受到社会、经济与法律保护。

2. 对各语言的社会保护,决定了须在俄罗斯联邦境内实施科学的语言政策,以期实现对俄罗斯联邦各民族语言的保留、学习和发展。

3. 对各语言的经济保护,要求向旨在保留与发展俄罗斯联邦各民族语言的各类国家项目与科研项目提供专用预算保障和其他财政保障,也要求为此而采取优惠的税收政策。

4. 对各语言的法律保护,要求确保追究自然人和法人在违反有关俄罗斯联邦各民族语言的立法时的责任。

**第五条** 俄罗斯公民(不论其语言能力高低)的权利保护

1. 不论俄罗斯联邦公民是否了解某一门语言,国家均保障其基本政治、经济、社会和文化权利的实现。

2. 是否了解一门语言,不应成为限制俄罗斯公民语言权利的依据。对各民族和个人的语言权利的侵犯将依法导致相应责任。

**第六条** 俄罗斯联邦在保护、学习和使用其各民族语言方面的职责

各共和国的最高国家权力机关应在对俄罗斯联邦各民族语言的保护与使用方面代表俄罗斯联邦实施下列事项:

制定有关俄罗斯联邦各民族语言立法的一般原则;

确保俄语发挥其作为俄罗斯联邦的官方语言的作用;

促进俄罗斯联邦各共和国官方语言的发展;

为不具备民族国家构成和民族区域构成或生活在其区域之外的少数民族与种族保留和发展其语言创造条件;

促进境外对俄罗斯联邦各民族语言的学习。

**第七条** 保留、学习与发展俄罗斯联邦各民族语言的规划

1. 俄罗斯联邦政府针对俄罗斯联邦各民族语言进行保留、学习和发展制定各种专项规划,并就实现这些规划采取相应措施。俄罗斯联邦各主体的国家权力机关可制定相应的区域性专项规划。

在俄罗斯联邦各民族语言的保留、学习与发展的各项规划中规定：确保俄语作为俄罗斯联邦官方语言发挥其作用；各共和国的官方语言及其他俄罗斯联邦的民族语言发挥其作用；促进以俄罗斯联邦各民族语言进行文学出版；为保留、学习与发展俄罗斯联邦各民族语言方面的科学研究划拨经费；为通过大众传媒对俄罗斯各民族语言的信息与材料进行传播创造条件；为该领域培养人才；为发展俄罗斯联邦各民族语言完善教育体系，等等。

2. 用于保留、学习与发展俄罗斯联邦各民族语言的专项规划及其他相应区域性规划的划拨经费，由有关联邦预算的俄罗斯联邦法或俄罗斯联邦主体的法律就相应年份进行确定。

## 第二章 公民使用俄罗斯联邦各族语言的权利

**第八条** 选择交流用语的权利

在依本法应受法律调整的交流领域中，俄罗斯联邦公民选择和使用交流用语的权利由俄罗斯联邦和俄罗斯联邦各主体的立法确定。

**第九条** 选择教育用语的权利

1. 俄罗斯联邦公民拥有依有关教育的立法自由选择教育用语的权利。

2. 国家根据居住于其民族国家构成和民族区域构成范围之外的俄罗斯公民、不具备自己的民族国家构成和民族区域构成的公民以及少数民族或种族代表的需求与兴趣，协助他们组织各种形式的母语教育。

**第十条** 俄罗斯联邦各民族语言的教授与学习

1. 俄罗斯联邦公民依有关教育的立法来教授和学习俄罗斯联邦各民族语言，国家为此提供条件。

2. 没有自己书面语的俄罗斯联邦每个民族，均享有以母语创制书面语的权利。国家为此提供必要条件。

3. 国家为针对俄罗斯联邦各民族语言的科学研究创造条件。

## 第三章 俄罗斯联邦各民族语言在联邦国家权力机关、俄罗斯联邦主体的国家权力机关以及地方自治机关工作中的使用

**第十一条** 联邦国家权力机关、俄罗斯联邦主体的国家权力机关及地

方自治机关的工作语言

1. 联邦国家权力机关、俄罗斯联邦主体的国家权力机关及地方自治机关的工作以俄罗斯联邦的官方语言进行。

在各共和国的国家权力机关、地方自治机关和国家事业单位中，可以在使用俄罗斯联邦官方语言的同时，使用共和国的官方语言。

2. 在联邦委员会会议、国家杜马会议、国家杜马委员会会议、国家杜马议院委员会会议和议院听证会上，在确保依照俄罗斯联邦会议议事规程将发言翻译成俄罗斯联邦官方语言的情况下，联邦委员会成员和国家杜马议员有权以各共和国的官方语言或其他俄罗斯联邦各民族语言进行发言。

3. 提交至国家杜马和交由俄罗斯联邦委员会审议的联邦宪法性法律的草案、联邦法律的草案、俄罗斯联邦会议议院文件的草案，使用俄罗斯联邦的官方语言。

**第十二条** 正式颁布俄罗斯联邦宪法性法律、联邦法及其他法律文件时使用的语言

俄罗斯联邦宪法性法律、联邦法、俄罗斯联邦会议议院文件、俄罗斯联邦总统命令与指示、俄罗斯联邦政府的决定与指示以俄罗斯联邦官方语言进行颁布。

在各共和国，上述法律文件可在正式颁布的同时使用共和国的官方语言进行颁布。

**第十三条** 正式颁布俄罗斯联邦主体的法律和其他规范性法律文件时使用的语言

1. 各共和国的法律和其他规范性法律文件，可在以俄罗斯联邦官方语言正式颁布的同时，以共和国的官方语言正式颁布。

2. 各边疆区、州、联邦级别市、自治州、自治区的法律和其他规范性法律文件，以俄罗斯联邦的官方语言正式发布。

在必要的情况下，上述规范性法律文件在正式颁布的同时，可根据各联邦主体的立法以俄罗斯联邦各民族语言进行颁布。

**第十四条** 筹备和进行俄罗斯联邦选举与全民公投的语言

1. 在筹备和进行俄罗斯联邦选举与全民公投时，使用俄罗斯联邦的官方语言。在筹备和进行俄罗斯联邦选举与全民公投时，各共和国在使用俄罗斯联邦官方语言的同时，有权使用其官方语言和在俄罗斯联邦各民族

聚居区域内使用相应语言；其他俄罗斯联邦主体在使用俄罗斯联邦官方语言的同时，同样有权在俄罗斯联邦各民族聚居区域内使用相应语言。

2. 选票、公投选票以俄罗斯联邦的官方语言印刷。根据相应选举委员会和公投委员会的决定，选票以俄罗斯联邦官方语言和相应共和国的官方语言印刷，在必要情况下也可以以聚居的俄罗斯联邦各民族的语言印刷。若针对相关选区、公投选区印刷了双语或多语的选票，则应于每张选票、公投选票上印刷俄罗斯联邦官方语言的文本。投票记录、选举及公投结果应以俄罗斯联邦的官方语言书写，必要时也可以以聚居的俄罗斯联邦各民族的语言书写。

## 第四章　俄罗斯联邦各民族语言在国家机关、组织、企业及事业单位活动中的使用

**第十五条**　在国家机关、组织、企业及事业单位的工作中的语言使用

1. 在俄罗斯联邦国家机关、组织、企业及事业单位的活动中，使用俄罗斯联邦官方语言、各共和国的官方语言以及俄罗斯联邦其他各民族语言。

2. 未掌握俄罗斯联邦官方语言及各共和国官方语言的俄罗斯联邦公民，有权在国家机关、组织、企业和事业单位的各类会议上使用其所掌握的语言进行发言。在必要的情况下确保提供相应的翻译。

3. 对于未掌握国家机关、组织、企业和事业单位的各类会议所使用之语言的俄罗斯联邦公民，在必要的情况下应确保（将会议内容）翻译成这些公民可接受的语言或俄罗斯联邦官方语言。

4. 俄罗斯联邦公民有权以其掌握的俄罗斯联邦官方语言、其母语或俄罗斯联邦的任何民族语言向俄罗斯联邦国家权力机关、组织、企业或事业单位提出建议、声明与投诉。

5. 对俄罗斯联邦公民向俄罗斯联邦国家机关、组织、企业和事业单位提出的建议、声明与投诉的答复，应以访问所用语言作出。在不能以访问所用语言作出答复的情况下，应使用俄罗斯联邦的官方语言。

6. 俄罗斯联邦与各共和国在有关语言评定要求的各类规定，可以对专业交流方面的语言使用制定某些限制和规范。

**第十六条**　在官方公文处理中的语言使用

1. 在俄罗斯联邦境内，国家机关、组织、企业和事业单位的官方公文处理，以俄罗斯联邦的官方语言俄语进行。各共和国的官方公文处理亦以该共和国的官方语言进行。官方公文中的语言使用办法，由俄罗斯联邦和各共和国的立法予以确定。

2. 各类文件（公文用纸、公章、印记、戳记）和带有国家机关、组织、企业、事业单位名称的牌匾上的文字，均以俄罗斯联邦官方语言、各共和国官方语言和其他由各共和国立法所确定的俄罗斯联邦民族语言书写。

3. 在必要的情况下，俄罗斯联邦各主体的官方公文在使用俄罗斯联邦官方语言、各共和国官方语言书写的同时，还可以以境内聚居的俄罗斯联邦各民族的语言书写。于上述区域范围使用俄罗斯联邦各民族语言作为官方文书用语的办法，由各俄罗斯联邦主体的立法确定。

4. 证明俄罗斯联邦公民身份的文件、对民事地位证明文件的记录、包含有关劳务活动和工龄信息的文件、有关教育的文件、军人身份证以及其他文件，应考虑到各民族的命名传统，以俄罗斯联邦官方语言制作。而在确定了自己的官方语言的各共和国境内，上述文件也可以在使用俄罗斯联邦官方语言制作的同时，使用各共和国的官方语言。

**第十七条** 官方通信中的语言使用

俄罗斯联邦主体的国家机关、组织、企业、事业单位与俄罗斯联邦内的收信人之间的官方通信与其他形式的官方相互联系，以俄罗斯联邦的官方语言进行。

**第十八条** 法院的诉讼程序、公文处理和护法机关的公文处理用语

1. 俄罗斯联邦宪法法院、俄罗斯联邦最高法院、联邦仲裁法院、军事法院的诉讼程序与公文处理，以及各护法机关的公文处理，以俄罗斯联邦的官方语言进行。其他具有一般管辖权的联邦法院的诉讼程序和公文处理工作，也可以使用相应法院所在共和国的官方语言进行。

2. 治安法院和俄罗斯联邦主体其他法院的诉讼程序和公文处理，以及俄罗斯联邦主体各护法机关的公文处理，以俄罗斯联邦官方语言或相应法院、护法机关所在共和国的官方语言进行。

3. 未掌握法院诉讼程序、公文处理以及护法机关公文处理所使用的语言的案件参与人，有权以母语或自由选择的任何交流用语进行发言和作出解释，也可以使用翻译服务。

**第十九条**　在公证的公文处理中的语言使用

1. 确定诉讼程序用语的规则，亦适用于国家公证处和其他完成公证程序职能的国家机关的公证程序用语。

2. 如果申请完成公证事项的公民未掌握公证程序使用的语言，则相应文件以俄罗斯联邦的官方语言制作。

**第二十条**　大众传媒用语

1. 全俄报纸和刊物的出版、全俄电视与广播的播送，均以俄罗斯联邦的官方语言进行。全俄的报纸和刊物亦可由其创办人自行酌定以其他语言出版。

2. 在俄罗斯联邦各主体的大众传媒中，使用俄语、各共和国的官方语言以及居住于其境内的各民族的语言。

3. 在对电影和视频作品进行翻译和配音时，使用俄罗斯联邦的官方语言、各共和国的官方语言，并考虑到居民的兴趣使用其他语言。

4. 在大众传媒中的语言使用办法，由俄罗斯联邦及俄罗斯联邦各主体的立法确定。

**第二十一条**　在工业、通信、交通与能源领域中使用的语言

1. 在俄罗斯联邦全境的工业、通信、交通与能源领域，使用作为俄罗斯联邦官方语言的俄语，同样根据国际条约和俄罗斯联邦各共和国间的条约使用其他语言。

2. 在工业、通信、交通与能源领域，可在使用俄罗斯联邦官方语言、各共和国官方语言的同时，可以考虑到本地居民的兴趣在当地使用其他语言。

**第二十二条**　在服务业和商业活动领域中使用的语言

1. 在服务业和商业活动领域中语言的使用办法，由俄罗斯联邦和俄罗斯联邦各主体的立法确定。不得以不了解某种语言为由拒绝为俄罗斯公民提供服务，否则将依俄罗斯联邦及俄罗斯联邦各组成共和国的立法产生相应责任。

2. 在服务业和商业活动领域的公文处理，以俄罗斯联邦的官方语言和商业合作伙伴协议所确定的其他语言进行。

## 第五章　地物名称、题词、道路标志及其他标志

**第二十三条**　地物名称、题词、道路标志及其他标志的语言

1. 地物名称、题词、道路标志及其他标志，以俄罗斯联邦官方语言制作。各共和国有权在使用俄罗斯联邦官方语言的同时，以共和国的官方语言对地物名称、题词、道路标志及其他标志进行书写。

2. 俄罗斯联邦各主体有权在使用俄罗斯联邦官方语言的同时，以在其境内聚居的俄罗斯联邦各民族语言对地物名称、题词、道路标志及其他标志进行书写。

3. 地物名称、题词、道路标志及其他标志的语言使用办法，依俄罗斯联邦立法确定。

**第二十四条** 联邦权力执行机关与俄罗斯联邦各主体的权力执行机关就地物名称、题词、道路标志及其他标志的书写所承担的义务

联邦权力执行机关与俄罗斯联邦各主体的权力执行机关，有义务确保地物名称、题词、道路标志及其他标志依据俄罗斯联邦立法、俄罗斯联邦各主体的立法以及各种国际标准进行书写。

**第二十五条** 已废除

## 第六章 在俄罗斯联邦与外国、国际组织和俄罗斯联邦各主体的联系中的语言使用

**第二十六条** 在俄罗斯联邦与外国、国际组织的联系中的语言使用

1. 俄罗斯联邦驻外代表机构的活动、俄罗斯联邦的对外经济活动、对外政治活动以及其他俄罗斯联邦机构的活动，以俄罗斯联邦官方语言和相应国家的语言进行。

2. 以俄罗斯联邦名义签署的条约、协议和其他国际文件，以俄罗斯联邦官方语言及缔约方的语言制作，或经各方达成一致以任何其他语言制作。

3. 在以俄罗斯联邦的名义与其他国家、国际组织的代表进行谈判时，使用俄罗斯联邦官方语言和其他经各方互相协商一致的语言、依国际条约应当使用的语言。

**第二十七条** 在俄罗斯联邦与俄罗斯联邦各主体的联系中的语言使用

在俄罗斯联邦与俄罗斯联邦各主体的联系中，使用俄罗斯联邦的官方语言。

## 第七章　违反俄罗斯联邦有关各民族语言立法的责任

**第二十八条**　违反俄罗斯联邦有关各民族语言立法的责任

自然人和法人违反俄罗斯联邦有关各民族语言立法的行为，依俄罗斯联邦和俄罗斯联邦各主体的立法产生相应责任，并按法定程序受到控诉。

俄罗斯苏维埃联邦社会主义共和国总统

B. 叶利钦

莫斯科，俄罗斯苏维埃联邦社会主义共和国委员会大楼
1991年10月25日
№1807—1

（杨天放译　杨解君校）

# 第七编
# 加拿大语言文字立法文件

# 加拿大官方语言法

1969年9月9日生效
现行版本：2014年4月1日生效
法规编号：R.S.C. 1985，c. 31（第四次补充）
一部关于加拿大官方语言使用及其地位的法

**序**

鉴于宪法规定英语和法语是加拿大的官方语言，两者在加拿大议会和政府机构选择语言使用上享有平等的地位、权利和特权，以及：

鉴于加拿大宪法规定在议会、加拿大法律和议会建立的法院中，两种官方语言享有全面平等的准入权，

鉴于加拿大宪法还规定了有关公众权利的保证，以便公众可使用任意一种官方语言与加拿大政府、议会的任何机构交流，接受可用性服务，

鉴于在加拿大政府和议会的机构中，其官员和雇员为实现这些机构的目标一起工作时，他们享有平等的机会使用其所选择的官方语言，

鉴于说英语的加拿大人和说法语的加拿大人应当不分种族、母语，在加拿大政府和议会的机构中享有平等的就业机会，

鉴于加拿大政府致力于实现并适当考虑选拔人才依据择优原则，使讲英语的加拿大人和讲法语的加拿大人充分参与到政府机构中，

鉴于英语和法语语言少数族裔社区作为加拿大两种官方语言社区的组成部分，加拿大政府致力于增强其活力，支持其发展，促进加拿大社会全面的认识和使用英语与法语，

鉴于加拿大政府致力于和省政府及其机构合作，支持英语和法语语言

在少数族裔社区的发展，用英语和法语提供服务，尊重少数民族语言教育权利的宪法保障，增加全民学习英语和法语的机会，

鉴于加拿大政府致力于增强首都地区的双语特色，鼓励加拿大工商业界，劳工组织和志愿性组织培养对法语和英语的认识和使用，

鉴于加拿大政府意识到强化官方语言的地位和使用时，除英语和法语外，维护和加强其他语言运用的重要性，

因此，现在，女王陛下根据加拿大参议院和下议院的建议并取得其同意，颁布如下：

**第一条** （简称）

本法可被称为《官方语言法案》。

**第二条** （法案的目的）

该法的目的是：

1. 确保尊重法语和英语作为加拿大官方语言，在所有联邦机构中的语言使用上，两者具有平等的地位和权利，特别是在议会议事、立法文书和其他文件、司法行政中，在与公众交流或向公众提供服务时和执行联邦机构的工作时；

2. 支持英语和法语语言少数族裔社区的发展，全面推进英语和法语在加拿大社会的平等地位和使用；

3. 联邦机构在加拿大官方语言方面的权利、职责和功能。

**第三条** （解释）

第1款 本法中：

专员系指根据第四十九条规定任命的加拿大官方语言专员；

皇家公司系指：

（1）最终由部长对其管理事务的行为向议会负责的公司；

（2）皇家公司的母公司或《联邦财务管理法》第八十三条所指的全资子公司；部门系指《联邦财务管理法》第八十三条所界定的部门。

联邦机构包括加拿大议会和政府的下列任何机构：

（1）参议院；

（2）下议院；

（3）国会图书馆；

（3.1）参议院道德督察员办公室和利益与道德冲突专员办公室；

（4）任何联邦法院；

（5）董事会、委员会或地方议会，或其他机构，或确立了依据议会法案或总督的权威履行政府职能的政府机关；

（6）加拿大政府的部门；

（7）依据议会法案建立的皇家公司；

（8）议会法案所指的任何其他机构系女王在加拿大的代理人或受总督或内阁阁员领导的机构；

但不包括：

（9）任何立法议会或育空政府的机构，西北地区或努勒维特；

（10）任何印第安人部族、部族议会（band council）或为执行涉及印第安人或其他土著居民政府职能而设立的其他机构。

国家首都辖区系指《国家首都法》规划中描述的首都地区。

第2款　在这部分和第二、三部分

联邦法院指任何法院、法庭或依据议会法案行使审判功能的其他机构。

## 第一部分　议会的会议记录

**第四条**

第1款　英语和法语是议会的官方语言，每个人都有权在议会辩论和议会议程中使用任意一种官方语言。

第2款　在议会辩论和其他议程中，应当提供两种官方语言互译的同声传译设施。

第3款　官方报道的一切有关议会的辩论和其他议程，应当用其选择的一种官方语言来报道，并且应当同时提供根据其所翻译成的另一种官方语言的版本。

## 第二部分　立法和其他文书

**第五条**

议会的刊物和其他档案应当用两种官方语言记录和保存，并用这两种语言出版发行。

**第六条**

议会所有的法案都应当使用两种官方语言制定、出版和发行。

**第七条**

第 1 款　授予或根据议会法案行使立法权的文书：

（1）总督或一个以上的内阁阁员制定或批准的，

（2）议会法案要求或依据议会法案在《加拿大政府法令公告》中发布的，

（3）公共和一般性的，

应当使用两种官方语言，并且如果出版和发行，也应使用两种官方语言。

第 2 款　行使权力或其他公共和一般性行政管理事务的文书，应当使用两种官方语言，如果出版发行这些文书，也应当使用两种官方语言。

第 3 款　第 1 款不适用于：

（1）育空、西北、努勒维特的立法机关制定的法律，或根据任何这类法律制定的其他任何文书；

（2）条例，法律或其他印第安部族的文书，部族议会或其他执行涉及印第安部族或其他土著居民政府职能的机构的文书；

因涉及公共和一般事务的条例、法令、法律或其他文书。

**第八条**

加拿大政府在参议院或下议院提交的由权威联邦机构制定或在其领导下制定的文件，应当使用两种官方语言提交。

**第九条**

联邦法院开庭审理前，调整任何诉讼中实践和程序问题的所有法规、命令和条例应当用两种官方语言出版和发行。

**第十条**

第 1 款　加拿大政府应当采取一切可行措施保证加拿大和一个或多个其他国家之间的条约和公约使用两种官方语言认证。

第 2 款　加拿大政府有责任确保加拿大和一个或多个省份之间以下类型的协议使用两种官方语言，并且两个版本具有同样的权威：

（1）需要议会或总督授权才能生效的协议；

（2）同一个或多个省订立协议的，英语和法语被宣布为这些省的官方语言或这些省要求该协议使用英语和法语订立；

（3）同两个或多个省订立协议的，这些省的政府未使用同一种官方语言。

第 3 款 总督可以制定规章规定任意类型情况，在法规中规定加拿大和一个或多个其他国家之间或加拿大和一个或多个省份之间的协议：

（1）必须使用两种官方语言订立；

（2）在签署和发布时必须使用两种官方语言；

（3）必须根据要求，进行翻译。

### 第十一条

第 1 款 通知、宣传或其他依据议会法案要求或根据议会法案授权的文件，由联邦权威机构发布或经该机构授权向公众发布的信息应当：

（1）尽可能的，在出版物全部或大部分使用一种官方语言的地区适用这些文件的，至少在一种面向大众的出版物上使用该种官方语言出版；在出版物全部或大部分使用另一种官方语言的地区，适用这些文件的，至少在一种面向大众的出版物上使用该另一种官方语言出版。

（2）文件适用的地区没有面向大众的出版物，且该地区全部或大部分使用英语或全部或大部分使用法语，文件应当使用两种官方语言在至少一种面向大众的出版物上出版。

第 2 款 通知、广告或其他文件，依据第 1 款在一种或多种出版物上出版的，应当给予每一种官方语言同等的重视。

### 第十二条

联邦机构发布或授权发布、制定的所有对公众的文书，应当使用两种官方语言制定或发布。

### 第十三条

所有的杂志、档案、议会的法案、文书、文件、法规、命令、条例、条约、公约、协议、通知、广告或本部分提到的其他文件，应当同时使用两种官方语言制定、颁布、出版、发行或提交，并且这两种语言版本具有同样的权威。

## 第三部分 司法

### 第十四条

英语和法语是联邦法院的官方语言，任何人在任何联邦法院都可以在任何请求或答辩过程中,使用这两种官方语言。

**第十五条**

第1款　任何诉讼程序前,每个联邦法院有义务保障任何人做证前都可以使用他所选择的官方语言做证,且此人不会因未使用另一种官方语言做证而处于不利地位。

第2款　在进行任何诉讼前,每个联邦法院有义务,应诉讼中任何一方当事人的要求,为诉讼提供同声传译设施,包括做证和取证,从一种官方语言转译成另一种官方语言。

第3款　在进行任何诉讼前,如果诉讼内容是有关公共利益的,或重要的诉讼,或另外考虑到公众列席诉讼的需要,每个联邦法院都可以为诉讼提供同声传译的设施,包括做证和取证,从一种官方语言转译成另一种官方语言。

**第十六条**

第1款　除了加拿大最高法院外,每个联邦法院有责任确保:

(1) 在任何特定情况下,如果当事人选择英语进行诉讼,听审案件的法官或其他官员不需要翻译人员的帮助能够理解英文;

(2) 在任何特定情况下,如果当事人选择法语进行诉讼,听审案件的法官或其他官员不需要翻译人员的帮助能够理解法语;

(3) 在任何特定情况下,如果当事人选择英语和法语进行诉讼,听审案件的法官或其他官员不需要翻译人员的帮助能够理解英语和法语。

第2款　进一步明确,第1款仅适用于联邦法院的裁判职能。

第3款　除联邦上诉法院、联邦审判法院或加拿大税务法院外,其他法院须在第1款生效五年后履行该条款。

**第十七条**

第1款　除联邦最高法院、联邦上诉法院、联邦审判法院或加拿大税务法院,在联邦法院诉讼中,总督认为有必要使联邦法院在行使权力履行职责时遵守第十五条和第十六条的,总督可以制定法规,管辖诉讼程序,包括涉及通知发送的法规。

第2款　经总督批准,加拿大最高法院、联邦上诉法院、联邦审判法院,加拿大税务法院,认为自己有必要使其能够在行使权力履行职责时遵守第十五条和第十六条的,可以制定法规管辖其在诉讼中的程序问题,包括涉及通知发送的法规。

**第十八条**

联邦法院审理的民事诉讼案件中,当加拿大女王陛下或联邦机构为一方当事人时:

第1款 诉讼中口头或书面的答辩,女王陛下或该机构应当使用对方当事人选择的官方语言,除非未给出语言选择的合理通知,女王陛下或该机构才能选择。

第2款 如对方当事人没有选择或在诉讼中未能达成使用官方语言的一致意见的,女王陛下或该机构应当考虑到实际情况,合理使用一种官方语言。

**第十九条**

第1款 联邦法院诉讼中使用的由任一联邦机构提供给诉讼双方当事人的任何预先印制的表格,应当使用两种官方语言。

第2款 添加特定细节到第1款所提到的表格中的,可以使用任何一种官方语言阐述,但如果这些特定细节仅用一种官方语言阐述的,应当在表格中清楚地指出该细节的另一种官方语言译文。如果做出了要求译文的决定,该译文应当由表格提供方即刻提供。

**第二十条**

第1款 任何联邦法院下达的任何最终的决定、命令或判决书,包括做出的理由说明,应当同时使用两种官方语言:

(1) 决定公共利益或重要的法律问题的决定、命令或判决;

(2) 诉讼导致其全部或部分使用两种官方语言发布的。

第2款 在下列情形下:

(1) 除第1款规定,联邦法院下达的最终的决定、命令或判决,应当同时使用两种官方语言做出;

(2) 第1款第一项中的决定、命令或判决同时使用两种官方语言做出的,但法院认为同时使用两种官方语言做出决定、命令、判决书,包括做出的理由说明,会不利于社会公共利益,或会对诉讼中一方当事人造成不公或困难的;

该决定、命令或判决,包括做出的理由说明应当在一审时使用一种官方语言发布,其后尽快使用另外一种官方语言发布,每个版本均在第一个版本生效时即生效。

第3款 第1款和第2款中的任何决定,命令、判决或做出的理由说明，不得解释为禁止口头的译文或转换，不得解释为只使用一种官方语言。

第 4 款　联邦法院发布的决定、命令或判决不得仅因其未使用两种官方语言作出或发布而无效。

## 第四部分　沟通和服务公众

**第二十一条**

加拿大国的所有公民有权依照本部分的条款与联邦机构进行交流和获取服务。

**第二十二条**

各联邦机构有义务确保加拿大所有公众可以使用任意一种官方语言与上级进行交流并获取服务，其他的办事处和机构亦有相同的责任。

（1）在首都地区，或；

（2）在加拿大或其他地方，有使用该种官方语言与办事处或机构进行交流和获得其服务的重大需求。

**第二十三条**

第 1 款　进一步明确，向旅游公众提供服务的每一个联邦机构有义务保证，任何旅游公众在加拿大或其他地区，有重大需求需要获得一种官方语言提供的服务时，均可使用该任意一种官方语言同该联邦机构的办事处或机构进行交流或获得服务。

第 2 款　每个联邦机构有义务保证，总督制定的规章规定提供给旅游公众相关服务，由另一人或组织与第 1 款中的办事处或机构，就这些服务的条款与联邦机构订立合同的，另一人或组织依据合同提供服务，应当依照总督规章使用两种官方语言。

**第二十四条**

第 1 款　每一个联邦机构有义务保证，任何公众都能在加拿大或其他地方，使用任意一种官方语言与任何办事处或机构交流并获取服务。

（1）总督制定的规章规定的任何情形，涉及下列：

（甲）公共健康、保险或安全，

（乙）政府机关和办事处的位置，

（丙）国家或国际托管的办事处。

（2）总督制定的规章规定的其他情形，由于政府机关和办事处的性质，使用两种官方语言与其进行交流和获取服务是具有合理性的。

第 2 款　任何对其行为直接向议会负责的联邦机构有义务保证，在加拿大或其他地区，任何公众都能使用任何一种官方语言与该联邦机构的所有机关或办事处进行交流并获取服务。

第 1 款不限制第 2 款的一般性，前款所列职责适用范围涉及：

（1）官方语言专员办公室，
（2）总选举事务主任办公室，
（2.1）诚信专员办公室，
（3）加拿大审计署，
（4）信息专员办公室，
（5）隐私专员公署，
（6）游说专员办公室。

**第二十五条**

每个联邦机构都有义务保证，对于代表它提供服务的其他个人或组织，在加拿大或其他地区的任何公众都可以使用任意一种官方语言与这些个人或组织进行交流并获取服务。如果是该机构提供服务的，应当按照本部分的要求使用任意一种官方语言提供服务。

**第二十六条**

每一个联邦机构，在管理与公众健康、保险或安全有关的个人或组织的行为时，有责任确保通过其对这些个人或组织的监管，公众可以与这些个人或组织使用两种官方语言，对涉及的上述行为进行交流和获取服务。

**第二十七条**

所有本部分中，涉及使用两种官方语言进行交流和服务的义务，该义务适用于口头和书面的交流，以及与这些交流和服务有关的任何文件或行为。

**第二十八条**

本部分所要求的各联邦机构应确保，任何公众均可使用任意一种官方语言，与该联邦机构的办事处和机构或代表该联邦机构的其他个人或组织进行交流并获取服务；各联邦机构应当确保采取相应的措施，包括规定标识、通知和其他有关服务的信息和发起与公众的交流，告知公众这些服务可以依照任何公众自由选择的任意一种官方语言提供。

**第二十九条**

对识别联邦机构的办事处或机关的标志,每个标志应当包含两种官方语言,或一起放置同样醒目的使用另一种官方语言的类似标志。

**第三十条**

就第二部分,联邦机构按照这部分规定,使用两种官方语言与公众进行交流,应当通过官方语言作为沟通的媒介,将本法案目的以实际有效的方式传达给公众。

**第三十一条**

本部分与第五部分不一致的,适用本部分之规定。

**第三十二条**

第1款 总督可以制定规章:

(1) 为实现第二十二条第2款或第二十三条第1款之规定目的有重大需要的;

(2) 本部分未另有规定的,联邦机构有义务保证任何一个公众都能够使用任意一种官方语言与该机构的办事处交流和获取服务;

(3) 规定服务以及为第二十三条第2款之目的而提供的这些服务的方式;

(4) 为第二十四条第1款第1项或第2项之目的,涉及公众或公众出行的;

(5) 为本条第2款第1项之目的,定义表达"英语或法语语言少数族裔"。

第2款 对于本条第1款第1项、第2项规定的情形,总督应当考虑:

(1) 由一个办事处或机构服务的地区英语或法语语言少数族裔的人口,这些群体的特征与其所占该地区总人口的比例;

(2) 办事处或其机构与公众之间使用每一种官方语言交流的通信量;

(3) 总督认为适当的其他情形。

**第三十三条**

总督认为有必要增强联邦机构的办事处或其机构交流和提供服务的积极性,如果本部分规定的交流与服务需要提供两种官方语言的,总督可以使用两种官方语言制定规章——除了参议院、下议院、国会图书馆、参议院道德官员办公室、利益冲突办公室和道德专员。

# 第五部分 工作语言

**第三十四条**

英语和法语是联邦机构的工作语言,所有联邦机构的官员和雇员有权按照本部分选择使用任意一种官方语言。

**第三十五条**

第 1 款 每一个联邦机构都有义务保证:

(1) 在首都地区或加拿大的其他地区,或加拿大以外的任何地方,规定该机构的工作环境应有利于两种官方语言的有效使用以便于其官员和雇员使用任意一种官方语言。

(2) 在加拿大的所有地区并未都符合上一项要求,在部分地区和机构,其中一种官方语言占主导地位或另一种官方语言占主导地位,在该工作环境中也是相对合理的。

第 2 款 对于加拿大财政委员会和公共服务委员会 1977 年 9 月 30 日通告,第 1977—46 号题为"加拿大公共服务的官方语言:政策声明"附录 B 列出的加拿大各地区,为第 1 款第 2 项之目的而规定。

**第三十六条**

第 1 款 为达成第三十五条第 1 款第 1 项之规定的目的,在首都地区和加拿大其他部分或地区,或加拿大以外的任何地区,每个联邦机构都有义务:

(1) 为该机构的官员和雇员提供两种官方语言:

(甲) 提供给官员和雇员的服务,包括提供给他们个人的服务和该机构为支持他们履行职责而集中提供的服务;

(乙) 该机构发布或其他联邦机构代表该机构发布的,经常广泛使用的工作文书。

(2) 确保经常广泛使用的由该机构获得或发布的数据处理和数据通信自动化系统,从 1991 年 1 月 1 日起,可以使用任意一种官方语言。

(3) 确保:

(甲) 创造一个有利于有效利用两种官方语言的工作环境是必要且适合的,使得监事在履行其监督责任时,能够用两种官方语言与该机构的官员和雇员进行交流;

（乙）总体上对该机构的大方向负责的管理小组，有能力使用两种官方语言履行职责。

第2款 每一个联邦机构有义务保证，在首都地区和加拿大其他部分和地区，或任何加拿大以外的其他地区，为达成第三十五条第1款第1项之目的，除第1款规定外，应当合理采取措施，建立和维护该机构有利于有效使用两种官方语言的工作环境以及适应官员和雇员对每一种官方语言的使用。

**第三十七条**

对每个有权指挥或提供服务的联邦机构，其他联邦机构有义务保证其在行使职权和履行与该其他机构有关的职责时，可由官员和雇员使用任一官方语言。

**第三十八条**

第1款 除参议院、下议院、国会图书馆、参议院道德官员办公室、利益冲突办公室和道德专员，总督可以制定涉及联邦机构的规章：

（1）规定，加拿大的任何部分和地区或加拿大以外的任何地区：

（甲）为其机构的官员和雇员提供两种官方语言的任何服务或工作机构；

（乙）任何数据处理和数据通信自动化系统必须使用两种官方语言；

（丙）任何使用两种官方语言执行监督和管理职能的机构。

（2）规定采取其他措施，在首都地区和加拿大其他部分或地区，或加拿大以外的其他地区，为第三十五条第1款第1项之规定，建立并维持这些机构的工作环境，使其有利于有效利用两种官方语言和适应其机构的官员和雇员对每一种官方语言的使用。

（3）规章规定，位于加拿大的任何部分或地区，或加拿大以外的任何地方的机构或办事处，要求使用任意一种或两种官方语言进行交流。

（4）规定本部分有关两种官方语言使用的规章或这些机构的职责的执行方式。

（5）规定这些机构在加拿大部分或地区的办事处，关于该办事处使用加拿大官方语言的义务，非为第三十五条第1款第2项之目的，而是考虑到两种官方语言的平等地位。

第2款 总督可以制定规章：

（1）为第三十五条第1款第一项之目的，增加或减去第三十五条第2

款规定的加拿大区域,或加拿大其他部分和地区,或加拿大之外的任何地方,考虑

(甲)规定的部分、地区或地方的联邦机构中,讲英语和讲法语的官员和雇员占工作人员组成的数量和比例;

(乙)规定的部分和地区,讲英语和讲法语的居民所占的数量和比例;

(丙)其他总督认为适当的因素。

(2)除参议院、下议院、国会图书馆、参议院道德官员办公室、利益冲突办公室和道德专员,任何联邦机构对关于加拿大官方语言使用的义务代替第三十六条或依据第1款制定的规章规定的义务,如第三十六条或规章规定的义务与该机构授权的义务发生明显冲突的,应考虑到两种官方语言的平等地位。

## 第六部分　讲英语与讲法语的加拿大人的参与

**第三十九条**

第1款　加拿大政府致力于确保:

(1)讲英语和讲法语的加拿大人,不分种族或母语,在联邦机构中享有平等的就业和晋升机会;

(2)联邦机构工作人员的组成注重反映加拿大两种官方语言社团的存在,重视个别机构的特点,包括对他们的授权,他们服务的公众,他们的职位。

第2款　在履行加拿大政府对第1款的承诺时,联邦机构应当确保,对讲英语和讲法语的加拿大人均提供就业的机会,适当考虑第四部分和第五部分中,关于这些机构的官员和雇员任职与晋升的目的和规定,以及雇用他们的规定和条件。

第3款　本部分不得作废除或违背择优选择人才原则的解释。

**第四十条**

总督认为,有必要为执行本部分的条款和实现本部分规定的目的,可以制定规章。

## 第七部分　英语和法语的提升

**第四十一条**

第 1 款　加拿大政府致力于：

（1）增强加拿大英语和法语语言少数族裔社区的活力，支持和帮助他们的发展；

（1）培养加拿大社会对英语和法语的全面认识和使用。

第 2 款　每个联邦机构都有义务确保采取积极主动的措施履行前款承诺。进一步明确，贯彻履行应当尊重各省的司法权和权力。

第 3 款　除参议院、下议院、国会图书馆、参议院道德官员办公室、利益冲突办公室和道德专员，总督可以制定关于联邦机构的规章，对本部分所涉及的联邦机构的义务，规定该义务的执行方式。

**第四十二条**

经与官方的其他部长磋商，加拿大文化遗产部长应当鼓励和提倡一种协调的方式，以使联邦机构履行第四十一条所做出的承诺。

**第四十三条**

第 1 款　除了前述的一般性要求，加拿大文化遗产部长可以采取其认为对推进英语和法语在加拿大社会的平等地位和使用的适当措施，这些措施可以：

（1）增强加拿大英语和法语语言少数族裔社区的活力，支持和帮助他们的发展；

（2）鼓励和支持英语和法语在加拿大的使用；

（3）培养公众对英语和法语这两种语言的接纳和欣赏；

（4）鼓励和帮助省政府支持英语和法语少数族裔语言社区的发展，特别是使用英语和法语提供省级和市级服务，并为英语或法语少数族裔社区成员提供使用自己的语言接受教育的机会；

（5）鼓励和协助省级政府为每个加拿大人提供学习英语和法语的机会；

（6）鼓励并且与商业团体、劳工组织、志愿组织和其他组织或机构合作，使用英语和法语提供服务，培养对这些语言的认识和使用；

（7）在加拿大和其他地区，鼓励和帮助组织与机构在其活动中突出加拿大的双语特色；

（8）经总督批准，可以与外国政府达成协议，认识和推进加拿大的双语特色。

第 2 款　在加拿大社会，涉及英语和法语的推进、地位平等、使用等方面的发展政策和程序审查时，加拿大遗产部长应当采取其认为对确保公众咨询适当的措施。

### 第四十四条

加拿大文化遗产部长应当在每年财政结算结束后的一段合理可行的时间内，就有关部长所负责的官方语言事务方面，向议会提交一份年度报告。

### 第四十五条

任何被总督指派的内阁阁员，在服从第四部分要求和最大限度接近实际的前提下，可以向省政府咨询并达成谈判协议，确保联邦政府、省、市的教育服务等方面的条款的两种官方语言的协调，且必须满足这类服务接受者的需要。

## 第八部分　财政委员会对加拿大官方语言的责任和义务

### 第四十六条

第 1 款　除参议院、国会图书馆、参议院道德官员办公室、利益冲突办公室和道德专员，所有联邦机构在涉及实施第四、五、六部分的条款时，财政委员会对加拿大政府政策及项目的总方向和协调方面负有责任。

第 2 款　根据第 1 款履行职责时，财政委员会可以：

（1）向总督确立和推荐政策，以实现第四、五、六部分之规定；

（2）向总督推荐规章，以实现第四、五、六部分之规定；

（3）发出指令，以实现第四、五、六部分之规定；

（4）监控和审核联邦机构服从财政委员会或总督在涉及加拿大官方语言方面的政策、指令、规定；

（5）在涉及加拿大官方语言方面，评估联邦机构政策和项目的有效性；

（6）向公众、联邦机构的官员和雇员提供在实施第四、五、六部分之规定时所涉及的政策和程序信息；

（7）授权给副部长或其他联邦机构的行政官员。

### 第四十七条

根据《金融管理法》第六条第 2 款第 1 项任命的人力资源长官应配备依据第四十六条第 2 款第 4 项准备的审计报告的专员。

### 第四十八条

在每年财政结算结束后的一段合理可行的时间内，联邦机构各部门对其依据第四十六条所负的责任，财政委员会主席针对加拿大官方语言的进程应向议会提交一份年度报告。

## 第九部分　官方语言专员

### 第四十九条

第 1 款　在咨询参议院和下议院中每一位公认的政党领袖，且得到了参议院和下议院决议批准后，总督应当通过大法官任命一位加拿大官方语言专员。

第 2 款　依据本条规定，行为表现良好的专员将有七年的任职时间，但也可能随时会被总督根据参议院与下议院的意见免职。

第 3 款　专员在第一届或其后续届满时，有资格再获得不超过七年的连任。

第 4 款　在专员缺席或丧失行为能力或者职位空缺的情况下，总督可以任命任何有资格的人来临时担任，任期不超过六个月。而且在此期间，临时任命专员的工资和费用将由总督支付。

### 第五十条

第 1 款　专员应当有等级排序，拥有副职的所有权利。而且专员只能担任唯一的专员职务，不能任职所属王室或任何其他工作中的职务。

第 2 款　应当向专员支付等同于除首席大法官外的联邦法官的薪水，在其任职期间搬离其经常居住地的，其有权得到合理的旅行和生活费用。

### 第五十一条

对官员和雇员正常工作行为进行必要负责的专员，由法律授权的方式指定。

### 第五十二条

专员可以临时性地雇用与工作事务相关且具有此方面专业技术知识的

人员来为办公事务提供建议和援助。经财政委员会同意，专员可以为雇佣人员提供相应的报酬和费用。

**第五十三条**

根据第五十一条被任命的办公室的专员、官员和雇员，应当视为享有《加拿大公共服务部门退休金法案》服务的目的对象。

**第五十四条**

根据财政委员会的推荐，总督可以根据来自财政委员会或总督的指令来罢免专员。这些指令依据《加拿大公共服务部门退休金法案》制定，且适用于与联邦管理机构相关的副部长或其他行政官员。

**第五十五条**

专员应当执行该法案或其他议会法案分配给他们的职责，也须履行总督委托给他们的任务和活动。

**第五十六条**

第1款 专员的职责就是在其权威下采取行动和措施履行职务，确保意识到每一种官方语言的现状，并且使其符合本法案在联邦机构行政部门事务中的精神和目的，包括一切在加拿大社会中推进英语和法语的活动。

第2款 为了实现第1款的目标，专员可以依据其主动发现或专员提供的意见引导和执行调查，并根据法案中相关规定做出报告和提出建议。

**第五十七条**

专员可以提出复审：

第1款 在此法案中的法规和指令；

第2款 任何其他影响或可能影响官方语言地位与使用的法规与指令；根据第六十六条和第六十七条，也可以参考和评论一些向议会提交的报告。

**第五十八条**

第1款 根据本法案，在一些特定实例和案例中，专员将对任何作为和不作为所产生的影响带来的投诉进行调查：

（1）官方语言的地位不被认可；

（2）与官方语言地位和使用相关的议会法案或法规未被遵守；

（3）为依从该法案的精神和目的；

在任何联邦机构的行政事务中。

第2款 任何个人或者群体，均可针对官方语言的地位和使用问题，自己或代表别人发言向专员提出投诉。

第 3 款 如果在调查过程中，出现投诉专员的情况，考虑到案件的所有情形，任何进一步的调查都是不必要的，专员可以拒绝对此事进行进一步调查。

第 4 款 专员可以拒绝或停止调查任何投诉，如果专员认为：

（1）投诉的事务是微不足道的；

（2）投诉是无理取闹或没有诚意的；

（3）投诉的事由违反或不遵守本法的精神和目的，或者没有其他原因情况下违背本法案规定的专员的权威。

第 5 款 专员决定拒绝或停止调查任何投诉的，应当告知投诉人其决定及其理由。

**第五十九条**

根据本法案，在进行调查之前，专员应当通知副部长或其他联邦机构的负责人其有意开展调查。

**第六十条**

第 1 款 本法案中的专员的每一次调查，均应私下进行。

第 2 款 专员无须举行听证会，任何人无权让专员举行听证。但在调查过程的任何时间段内，专员如果发现充分的理由，可以提出对个人或联邦机构不利的报告和建议。在调查完成之前，专员应当采取一切合理的措施给个人或机构一个完整和充分的机会回应任何不利的指控和批评，可以得到援助或由律师代理。

**第六十一条**

第 1 款 依据本法案，专员可以决定任何调查过程中的程序。

第 2 款 由依据第五十一条任命的政府专员处，依照本法案接收和获得的完整的或部分的任何与调查相关的信息，专员可以对其进行管理。在服从专员所特别提出的限制和约束条件下，该专员将拥有本法案中专员所有的接收和获得信息的权利与义务。

**第六十二条**

第 1 款 依据本法案，除涉及第三部分外，专员可以开展任何调查。专员有权：

（1）传唤和强制证人出庭，并强制其提供真实有效的口头或书面证据；依此产生的相关文件和物品，在此法案范围内专员可以有权要求进行充分的调查，以相同的方式和相同的范围作为最高法院的记录；

（2）主持宣誓；

（3）专员认为合适的自由裁量权范围内，接收通过宣誓、书面或其他方式获得的会被法院采纳的证据和其他信息；

（4）受限于总督所制定有关国防或安全利益的规章，进入任何联邦机构场所并执行经本法案授权、专员认为适当的咨询。

第 2 款　专员认为其有合理的理由相信：

（1）个人受到威胁、恐吓、歧视和阻挠，个人因此依本法案提出了投诉、提供证据或任何协助调查的援助，或打算这样做；

（2）专员、任何代表专员或专员指导下的人，在履行本法案规定的义务和职能时受到阻碍的；

专员可以向财政委员会主席，副部长或其他相关机构的行政官员提出以上方面的报告。

### 第六十三条

第 1 款　依据本法展开调查后，如果专员认为：

（1）如果有必要，审查主题的作为或不作为应提交给相关的联邦机构来审议和采取措施；

（2）任何法令或条例，任何总督或财政委员会的指令或者任何与本法案相违背或可能相违背的行为都应被重新审查修改或终止；

（3）应当采取的其他措施；

专员应当将以上的意见和原因报告给财政委员会主席，副部长或其他相关行政机构首长。

第 2 款　依据第 1 款规定做出涉及任何联邦机构的报告时，专员应当考虑依据任何议会法案或规章列出或者总督或财政委员会的指令，适用于该机构的政策。

第 3 款　专员可以：

（1）依据第 1 款所作的报告中，其认为合适的，可以做出推荐；

（2）要求副部长或其他联邦机构行政官员重视在行为的规定时间内通知专员，如此该机构对推荐的建议才会生效。

### 第六十四条

第 1 款　专员根据投诉进行调查，专员应当通知申诉人或其他个人或个人代表，或任何联邦机构的副部长或其他行政首脑或其代表，在其认为合适的时间和方式，依据第六十条第 2 款给出与投诉有关的结果。

第 2 款　依据第六十三条第 3 款，专员提出建议后，申诉人未在合理的时间采取正确的行动，专员应该告知申诉人上述建议，并且如果专员认为合适，可以作出评论。此外，专员应当向任何个人，或任何联邦机构的副部长，或其他行政首脑提供一份纸质建议和评论。根据第 1 款，专员必须告知这些个人，或任何联邦机构的副部长，或其他行政长官该调查的结果。

**第六十五条**

第 1 款　如果根据第六十三条第 3 款所提出的建议作出了报告，专员认为在合理的时间内申诉人未采取合适的行动，在其自由裁量权范围内，且考虑任何相关联邦机构或者代表联邦机构所作出的回应之后，可以向行政长官递交一份报告及建议书。

第 2 款　总督可以采取此类行动，如总督认为适当的、涉及第 1 款中已发送的报告和建议。

第 3 款　第 1 款规定的报告的副本递交给总督后的合理时间内，未依据专员的意见作出合理适当的行为的，专员可以据此向议会提出其认为合适的报告。

第 4 款　专员应当为第 3 款规定的报告附上由相关联邦机构或其代表做出的回复的副本。

**第六十六条**

在年底之后的一段合理时间内，专员将向议会提交一份前一年中的办公人员以及其自身所履行的职责，包括对法令提出的改善建议；专员认为对本法令精神和意图产生的影响是必要且合适的。

**第六十七条**

第 1 款　在任何时间，专员都可以向议会提交一份涉及和评论有关专员的权利、职责和作用的特别报告。在此报告中，依据第六十六条，通过专员的见解，提出紧急且重要的，不应该被推迟到下一个年度报告之后的事务。

第 2 款　依据本部分规定，专员应当为每份报告附一份有关联邦机构的答复。

**第六十八条**

依据第六十五条第 3 款，第六十六条，第六十七条提交的报告，专员可以公开他认为必须公开的一些结论和建议。但在实施该行为的同时，专员应采取一些合理的措施来避免公开一些可能会有损于加拿大或盟国以及相关国家的国防和安全事务。

**第六十九条**

第1款 依据第六十五条第3款，第六十六条，第六十七条，由专员提交给议会的每一份报告都将经发言人发送到参议院和众议院来分别商讨。

第2款 报告涉及第1款规定的，依据该条款提交后，应当交付给议会为第八十八条之目的而设立的委员会。

**第七十条**

本部分专员拥有的或其他议会法案规定的任何权利、义务和职能，专员可以授权任何人实施和履行，但受其指定的限制：

第1款 依据本条委任的权利；

第2款 第六十三条、第六十五条、第六十九条、第七十八条所列的权利、义务或职能。

**第七十一条**

依据本法案，接受获得任何与调查有关的信息的专员，每位代表和专员涉及访问和使用该信息的，需满足适用的安全要求，且通常要进行秘密宣誓。

**第七十二条**

依据本法案，专员、每一位专员代表或专员领导下的每一个人，不得泄露其在依据本法案履行义务执行职能时涉及的任何信息。

**第七十三条**

专员可披露或可授权代表专员行事或按其指示行事的任何人披露信息：

第1款 专员认为，依据本法案进行调查所必需的信息，或；

第2款 在联邦法院依据十部分提起的诉讼中或据此提起的上诉中披露信息。

**第七十四条**

专员、每一位专员代表或专员领导下的每一个人，涉及专员掌握的任何情况，或其依据本法案在调查中履行义务执行职责了解的情况，除在联邦法院依据第九部分开庭前的诉讼中或由此进行的上诉中，其在任何诉讼中均不得被强迫做证。

### 第七十五条

第 1 款 专员依据本法案,在履行义务、执行职务或行使权利过程中,作出善意的报告或讲述的,基于该原因不利于专员、任何专员代表或专员领导下的任何人的刑事诉讼和民事诉讼不应当受理。

第 2 款 有关造谣和诽谤的法律目的:

(1) 在调查过程中提供任何言论和信息,或任何文件,或出于善意的事由,是专员依据该法案所享有的特权;

(2) 专员依据该法案所作的任何善意的报告,报纸,流行杂志或广播有权对报告作任何公平精确的解释。

## 第十部分  法庭救济

### 第七十六条

在本部分,"法院"指联邦法院。

### 第七十七条

第 1 款 就第四条至第七条、第十条至第十三条、第四部分、第五部分、第七部分的权利或义务,向专员提出申诉的,可以依据本部分向法院申请救济;

第 2 款 依据第 1 款,可在下列行为做出之后的 60 日内提出申请:

(1) 专员对于申诉的调查结果,依据第六十四条第 1 款告知申诉人的;

(2) 申诉人知悉专员依据第六十四条第 2 款做出建议书的;

(3) 申诉人知悉,专员决定拒绝或停止调查其依据第五十八条第 5 款申诉的;

或在法院可以确定或允许的更长时间内,不满或超过规定的 60 天期限均可。

第 3 款 依照本法案向专员提出申诉,申诉人在提出申诉 6 个月内,对第六十四条第 1 款的调查结果,第六十四条第 2 款的专员建议书,或第五十八条第 5 款的决定不知情的,申请人可依据第 1 款在其后的任何时间提出申请。

第 4 款 依据第 1 款规定,申诉过程中法院推定联邦机构违反本法案的,在此种情况下,法院可以给予其认为恰当的救济。

第 5 款　除本部分列举的申诉权，不会废除或减损任何人享有的任何申诉权。

**第七十八条**

第 1 款　专员可以：

（1）在第七十七条第 2 款第 1 项和第 2 项规定的时间限制内，如专员取得了申诉人的同意，可依据本部分与专员申诉调查有关的规定向法院申请救济；

（2）代表第七十七条规定的，向其提出申诉的任何人出庭，寻求本部分规定的救济；

（3）经法庭许可，在本部分规定的诉讼中，作为一方当事人出庭。

第 2 款　专员依据第 1 款第 1 项提出申请，基于该申请导致的任何诉讼，申诉人可以作为诉讼一方当事人出庭。

第 3 款　本部分不会废除或减损专员的权限，寻求排除涉及英语和法语的地位和使用的判决中存在的干预。

**第七十九条**

就本部分涉及对联邦机构的投诉的，对同一联邦机构的投诉，法院可以受理因证据信息涉及依据该法案产生的相似投诉。

**第八十条**

根据第七十七条提出的申请，应当听取并以简易方式按照关于根据联邦法院法第四十六条这样的应用程序所作出的任何特殊规则确定。

**第八十一条**

第 1 款　除第 2 款外，根据该法的成本和附带在法院进行的所有法律程序应遵循法院的自由裁量权，除非法院命令另有说明。

第 2 款　法庭是根据第 77 条的应用程序提出了一个关于本法案的重要的新原则，法院责令将诉讼费判给申请人，即使申请人最终没有获胜。

# 第十一部分　一般规定

**第八十二条**

第 1 款　以下各部分不一致的，依据其他的议会法案或规章，不一致的范围以下列部分为准：

（1）第一部分（议会的程序），

（2）第二部分（立法文件和其他文件），

（3）第三部分（司法），

（4）第四部分（沟通和服务公众），

（5）第五部分（工作语言）。

第 2 款　第 1 款不适用于《加拿大人权法案》或依据其制定的规章。

**第八十三条**

第 1 款　本法案不会废除或减损，在其生效前或生效后获得或享有的，任何与非英语和法语的语言有关的法律权利或习惯权利。

第 2 款　本法案不得作与保护和加强除英语和法语外的语言相违背的解释。

**第八十四条**

由总督任命的，财政委员会主席或其他此类的内阁阁员，应当在合适的时间内以适当的方式，就依据该法案制定的试行条例，征求英语和法语语言少数族裔社区成员的意见，征求普通公众的意见。

**第八十五条**

第 1 款　由总督任命的，财政委员会主席或其他此类的内阁阁员，在总督提议根据该法案制定规章时，应当于下议院在加拿大公报上发布该规章的副本 30 日前，制定试行条例的草案。

第 2 款　计算第 1 款中 30 日的期间，不包含议会闭会日。

**第八十六条**

第 1 款　依据第 2 款，总督依据本法案提议的规章副本，应当在提议的生效日期前至少 30 日，在加拿大公报上发布；应当为感兴趣的人提供合适的机会，向财政委员会主席陈述意见。

第 2 款　规章草案根据需要第 1 款规定公布，如果以前已经依据该款发布的，无论其是否已被修改，表示已遵守该款规定。

第 3 款　计算第 1 款中 30 日的期间，不包含议会闭会日。

**第八十七条**

第 1 款　依据第三十八条第 2 款第 1 项，规定加拿大任何部分和地区为第三十五条第 1 款第 1 项之目的，建议制定的规章，在其生效前，应当至少在议会两院 30 个议会开会日前被搁置。

第 2 款　在 25 个议会开会日内，前款被搁置的试行条例，议会两院中的任意一院影响审议不予批准试行条例的动议，应当有不少于 15 名参议员或 30 名下议院议员签署，根据具体情况，报议院发言人备案，发言人应当在动议归档后的 5 个议会开会日内，不经辩论或修改，对动议的每个问题进行必要处置。

第 3 款　涉及第 2 款的动议，被议会两院采用的，与该动议有关的试行条例不得通过。

第 4 款　试行条例被搁置前，议会开会日前 25 天，议会解散或休会的，第 1 款中的议会两院和第 2 款中两院未处理的涉及试行条例的动议，该试行条例不得通过。

第 5 款　本条中"议会会议日"是指议会两院开会的日子。

### 第八十八条

本法案的施行，依据本法案制定的任何规章和指令，财政委员会主席和加拿大文化遗产部长依据本法案做出的报告，应当由参议院、下议院或议会两院，为指定或确定的目的进行永久性审查。

### 第八十九条

进一步明确，特此声明《刑法》第一百二十六条不适用于违反本法的任何规定。

### 第九十条

本法案不会废除或减损参议院或下议院办事处的成员和职员以及法院法官的权利、特权或豁免权。

### 第九十一条

本法案第四部分或第五部分未授权特定人员操作官方语言要求的应用，除非该要求是为承担履行职能的客观需要。

### 第九十二条

在每一部议会法案中，涉及"官方语言"或"加拿大官方语言"解释的，应当参考《加拿大权利与自由宪章》第十六条第 1 款公开宣布的语言作为加拿大官方语言，进行解释。

### 第九十三条

总督可以制定规章：

（1）除参议院、下议院、国会图书馆、参议院道德官员办公室、利益冲突办公室和道德专员，规定总督认为使联邦机构在执行职务时遵守本法案的任何有必要的事项；

（2）本法案规定的由总督制定规章规定的任何事项。

## 第十二部分　相关修正案

第九十四条——第九十九条　修正案（译略）

## 第十三部分　修正案

第一百条——第一百〇三条　修正案（译略）

## 第十四部分　过渡条款，废止，生效

第一百〇四条和第一百〇五条　废止

第一百〇六条　修正案（译略）

第一百〇七条　担任第九部分中的专员公职的人，应当继续担任其职位，且应被视为依据本法案已经任命，但依据1970年修订的加拿大《官方语言法案》第 O—2 章任命的除外。

第一百〇八条　第 1 款　本部分生效之后，接下来相关的四个财政年度中，财政委员会主席可以对皇家公司进行支付，协助其积极落实本法案。

第 2 款　为第 1 款之目的，所需支出的款项，应当通过进行拨款。

第一百〇九条　废除

第一百一十条　本法案或其相关条款于公布之日起生效。

（姚丹萍译　刘青校）

ň: 相关国际公约（条约、倡议）与欧盟语言宪章

# 一　保护和促进文化表现形式多样性公约

联合国教育、科学及文化组织大会于 2005 年 10 月 3 日至 21 日在巴黎举行第三十三届会议，确认文化多样性是人类的一项基本特性，认识到文化多样性是人类的共同遗产，应当为了全人类的利益对其加以珍爱和维护，意识到文化多样性创造了一个多姿多彩的世界，它使人类有了更多的选择，得以提高自己的能力和形成价值观，并因此成为各小区、各民族和各国可持续发展的一股主要推动力；

忆及在民主、宽容、社会公正以及各民族和各文化间相互尊重的环境中繁荣发展起来的文化多样性对于地方、国家和国际层面的和平与安全是不可或缺的，颂扬文化多样性对充分实现《世界人权宣言》和其他公认的国际文件主张的人权和基本自由所具有的重要意义，强调需要把文化作为一个战略要素纳入国家和国际发展政策，以及国际发展合作之中，同时也要考虑特别强调消除贫困的《联合国千年宣言》（2000 年），考虑到文化在不同时间和空间具有多样形式，这种多样性体现为人类各民族和各社会文化特征和文化表现形式的独特性和多元性，承认作为非物质和物质财富来源的传统知识的重要性，特别是原住民知识体系的重要性，其对可持续发展的积极贡献，及其得到充分保护和促进的需要，认识到需要采取措施保护文化表现形式连同其内容的多样性，特别是当文化表现形式有可能遭到灭绝或受到严重损害时，强调文化对社会凝聚力的重要性，尤其是对提高妇女的社会地位、发挥其社会作用所具有的潜在影响力；

意识到文化多样性通过思想的自由交流得到加强，通过文化间的不断交流和互动得到滋养，重申思想、表达和信息自由以及媒体多样性使各种文化表现形式得以在社会中繁荣发展，认识到文化表现形式，包括传统文化表现形式的多样性，是个人和各民族能够表达并同他人分享自己的思想和价值观的重要因素；

忆及语言多样性是文化多样性的基本要素之一，并重申教育在保护和促进文化表现形式中发挥着重要作用，考虑到文化活力的重要性，包括对少数民族和原住民人群中的个体的重要性，这种重要的活力体现为创造、传播、销售及获取其传统文化表现形式的自由，以有益于他们自身的发展，强调文化互动和文化创造力对滋养和革新文化表现形式所发挥的关键作用，它们也会增强那些为社会整体进步而参与文化发展的人所发挥的作用，认识到知识产权对支持文化创造的参与者具有重要意义，确信传递着文化特征、价值观和意义的文化活动、产品与服务具有经济和文化双重性质，故不应视为仅具商业价值，注意到信息和传播技术飞速发展所推动的全球化进程为加强各种文化互动创造了前所未有的条件，但同时也对文化多样性构成挑战，尤其是可能在富国与穷国之间造成种种失衡，意识到联合国教科文组织肩负的特殊使命，即确保对文化多样性的尊重以及建议签订有助于推动通过语言和图像进行自由思想交流的各种国际协议，根据联合国教科文组织通过的有关文化多样性和行使文化权利的各种国际文书的条款，特别是2001年通过的《世界文化多样性宣言》，于2005年10月20日通过本公约。

# 目录

第一章 目标与指导原则

第一条 目标

第二条 指导原则

第二章 适用范围

第三条 公约的适用范围

第三章 定义

第四条 定义

第四章 缔约方的权利和义务

第五条 权利和义务的一般规则

第六条 缔约方在本国的权利

第七条 促进文化表现形式的措施

第八条 保护文化表现形式的措施

第九条 信息共享和透明度

第十条 教育和公众认知

第十一条 公民社会的参与

第十二条 促进国际合作

第十三条 将文化纳入可持续发展

第十四条 为发展而合作

第十五条 协作安排

第十六条 对发展中国家的优惠待遇

第十七条 在文化表现形式受到严重威胁情况下的国际合作

第十八条 文化多样性国际基金

第十九条 信息交流、分析和传播

第五章 与其他法律文件的关系

第二十条 与其他条约的关系：相互支持，互为补充和不隶属

第二十一条 国际磋商与协调

第六章 公约的机构

第二十二条 缔约方大会

第二十三条 政府间委员会

第二十四条　联合国教科文组织秘书处

第七章　最后条款

第二十五条　争端的解决

第二十六条　会员国批准、接受、核准或加入

第二十七条　加入

第二十八条　联络点

第二十九条　生效

第三十条　联邦制或非单一立宪制

第三十一条　退约

第三十二条　保管职责

第三十三条　修正

第三十四条　有效文本

第三十五条　登记

附件　调解程序

第一条　调解委员会

第二条　委员会成员

第三条　成员的任命

第四条　委员会主席

第五条　决定

第六条　分歧

# 第一章 目标与指导原则

**第一条** 目标

本公约的目标是：

（一）保护和促进文化表现形式的多样性；

（二）以互利的方式为各种文化的繁荣发展和自由互动创造条件；

（三）鼓励不同文化间的对话，以保证世界上的文化交流更广泛和均衡，促进不同文化间的相互尊重与和平文化建设；

（四）加强文化间性，本着在各民族间架设桥梁的精神开展文化互动；

（五）促进地方、国家和国际层面对文化表现形式多样性的尊重，并提高对其价值的认识；

（六）确认文化与发展之间的联系对所有国家，特别是对发展中国家的重要性，并支持为确保承认这种联系的真正价值而在国内和国际采取行动；

（七）承认文化活动、产品与服务具有传递文化特征、价值观和意义的特殊性；

（八）重申各国拥有在其领土上维持、采取和实施他们认为合适的保护和促进文化表现形式多样性的政策和措施的主权；

（九）本着伙伴精神，加强国际合作与团结，特别是要提高发展中国家保护和促进文化表现形式多样性的能力。

**第二条** 指导原则

一、尊重人权和基本自由原则

只有确保人权，以及表达、信息和交流等基本自由，并确保个人可以选择文化表现形式，才能保护和促进文化多样性。任何人都不得援引本公约的规定侵犯《世界人权宣言》规定的或受到国际法保障的人权和基本自由或限制其适用范围。

二、主权原则

根据《联合国宪章》和国际法原则，各国拥有在其境内采取保护和促进文化表现形式多样性措施和政策的主权。

三、所有文化同等尊严和尊重原则

保护与促进文化表现形式多样性的前提是承认所有文化,包括少数民族和原住民的文化在内,具有同等尊严,并应受到同等尊重。

四、国际团结与合作原则

国际合作与团结的目的应当是使各个国家,尤其是发展中国家都有能力在地方、国家和国际层面上创建和加强其文化表现手段,包括其新兴的或成熟的文化产业。

五、经济和文化发展互补原则

文化是发展的主要推动力之一,所以文化的发展与经济的发展同样重要,且所有个人和民族都有权参与两者的发展并从中获益。

六、可持续发展原则

文化多样性是个人和社会的一种财富。保护、促进和维护文化多样性是当代人及其后代可持续发展的一项基本要求。

七、平等享有原则

平等享有全世界丰富多样的文化表现形式,所有文化享有各种表现形式和传播手段,是增进文化多样性和促进相互理解的要素。

八、开放和平衡原则

在采取措施维护文化表现形式多样性时,各国应寻求以适当的方式促进向世界其他文化开放,并确保这些措施符合本公约的目标。

## 第二章 适用范围

**第三条** 公约的适用范围

本公约适用于缔约方采取的有关保护和促进文化表现形式多样性的政策和措施。

## 第三章 定义

**第四条** 定义

在本公约中,应作如下理解:

(一)文化多样性

"文化多样性",指各群体和社会借以表现其文化的多种不同形式。这些表现形式在他们内部及其间传承。

文化多样性不仅体现为人类文化遗产通过丰富多彩的文化表现形式来表达、弘扬和传承的多种方式，也体现为借助各种方式和技术进行的艺术创造、生产、传播、销售和消费的多种方式。

（二）文化内容

"文化内容"，指源于文化特征或表现文化特征的象征意义、艺术特色和文化价值。

（三）文化表现形式

"文化表现形式"，指个人、群体和社会创造的具有文化内容的表现形式。

（四）文化活动、产品与服务

"文化活动、产品与服务"，是指从其具有的特殊属性、用途或目的考虑时，体现或传达文化表现形式的活动、产品与服务，而不论它们是否具有商业价值。文化活动可能以自身为目的，也可能是为文化产品与服务的生产提供帮助。

（五）文化产业

"文化产业"，指生产和销售上述第（四）项所述的文化产品或服务的产业。

（六）文化政策和措施

"文化政策和措施"，指地方、国家、区域或国际层面上针对文化本身或为了对个人、群体或社会的文化表现形式产生直接影响的各项政策和措施，包括与创作、生产、传播、销售和享有文化活动、产品与服务相关的政策和措施。

（七）保护

名词"保护"意指为保存、护卫和加强文化表现形式多样性而采取措施。

动词"保护"意指采取这类措施。

（八）文化间性

"文化间性"，指不同文化的存在与平等互动，以及通过对话和相互尊重产生共同文化表现形式的可能性。

## 第四章　缔约方的权利和义务

**第五条**　权利和义务的一般规则

一、缔约方根据《联合国宪章》、国际法原则及国际公认的人权文件，重申拥有为实现本公约的宗旨而制定和实施其文化政策、采取措施以保护和促进文化表现形式多样性及加强国际合作的主权。

二、当缔约方在其境内实施政策和采取措施以保护和促进文化表现形式的多样性时，这些政策和措施应与本公约的规定相符。

**第六条** 缔约方在本国的权利

一、各缔约方可在第四条第（六）项所定义的文化政策和措施范围内，根据自身的特殊情况和需求，在其境内采取措施保护和促进文化表现形式的多样性。

二、这类措施可包括：

（一）为了保护和促进文化表现形式的多样性所采取的管理性措施；

（二）以适当方式在本国境内为创作、生产、传播和享有本国的文化活动、产品与服务提供机会的有关措施，包括其语言使用方面的规定；

（三）为国内独立的文化产业和非正规产业部门活动能有效获取生产、传播和销售文化活动、产品与服务的手段采取的措施；

（四）提供公共财政资助的措施；

（五）鼓励非营利组织以及公共和私人机构、艺术家及其他文化专业人员发展和促进思想、文化表现形式、文化活动、产品与服务的自由交流和流通，以及在这些活动中激励创新精神和积极进取精神的措施；

（六）建立并适当支持公共机构的措施；

（七）培育并支持参与文化表现形式创作活动的艺术家和其他人员的措施；

（八）旨在加强媒体多样性的措施，包括运用公共广播服务。

**第七条** 促进文化表现形式的措施

一、缔约方应努力在其境内创造环境，鼓励个人和社会群体：

（一）创作、生产、传播、销售和获取他们自己的文化表现形式，同时对妇女及不同社会群体，包括少数民族和原住民的特殊情况和需求给予应有的重视；

（二）获取本国境内及世界其他国家的各种不同的文化表现形式。

二、缔约方还应努力承认艺术家、参与创作活动的其他人员、文化界以及支持他们工作的有关组织的重要贡献，以及他们在培育文化表现形式多样性方面的核心作用。

**第八条　保护文化表现形式的措施**

一、在不影响第五条和第六条规定的前提下，缔约一方可以确定其领土上哪些文化表现形式属于面临消亡危险、受到严重威胁或是需要紧急保护的特殊情况。

二、缔约方可通过与本公约的规定相符的方式，采取一切恰当的措施保护处于第一款所述情况下的文化表现形式。

三、缔约方应向下文第二十三条所述的政府间委员会报告为应对这类紧急情况所采取的所有措施，该委员会则可以对此提出合适的建议。

**第九条　信息共享和透明度**

缔约方应：

（一）在向联合国教科文组织四年一度的报告中，提供其在本国境内和国际层面为保护和促进文化表现形式多样性所采取的措施的适当信息；

（二）指定一处联络点，负责共享有关本公约的信息；

（三）共享和交流有关保护和促进文化表现形式多样性的信息。

**第十条　教育和公众认知**

缔约方应：

（一）鼓励和提高对保护和促进文化表现形式多样性重要意义的理解，尤其是通过教育和提高公众认知的计划；

（二）为实现本条的宗旨与其他缔约方和相关国际组织及地区组织开展合作；

（三）通过制订文化产业方面的教育、培训和交流计划，致力于鼓励创作和提高生产能力，但所采取的措施不能对传统生产形式产生负面影响。

**第十一条　公民社会的参与**

缔约方承认公民社会在保护和促进文化表现形式多样性方面的重要作用。缔约方应鼓励公民社会积极参与其为实现本公约各项目标所做的努力。

**第十二条　促进国际合作**

缔约方应致力于加强双边、区域和国际合作，创造有利于促进文化表现形式多样性的条件，同时特别考虑第八条和第十七条所述情况，以便着重：

（一）促进缔约方之间开展文化政策和措施的对话；

（二）通过开展专业和国际文化交流及有关成功经验的交流，增强公共文化部门战略管理能力；

（三）加强与公民社会、非政府组织和私人部门及其内部的伙伴关系，以鼓励和促进文化表现形式的多样性；

（四）提倡应用新技术，鼓励发展伙伴关系以加强信息共享和文化理解，促进文化表现形式的多样性；

（五）鼓励缔结共同生产和共同销售的协议。

**第十三条** 将文化纳入可持续发展

缔约方应致力于将文化纳入其各级发展政策，创造有利于可持续发展的条件，并在此框架内完善与保护和促进文化表现形式多样性相关的各个环节。

**第十四条** 为发展而合作

缔约方应致力于支持为促进可持续发展和减轻贫困而开展合作，尤其要关注发展中国家的特殊需要，主要通过以下途径来推动形成富有活力的文化部门：

（一）通过以下方式加强发展中国家的文化产业：

1. 建立和加强发展中国家文化生产和销售能力；

2. 推动其文化活动、产品与服务更多地进入全球市场和国际销售网络；

3. 促使形成有活力的地方市场和区域市场；

4. 尽可能在发达国家采取适当措施，为发展中国家的文化活动、产品与服务进入这些国家提供方便；

5. 尽可能支持发展中国家艺术家的创作，促进他们的流动；

6. 鼓励发达国家与发展中国家之间开展适当的协作，特别是在音乐和电影领域。

（二）通过在发展中国家开展信息、经验和专业知识交流以及人力资源培训，加强公共和私人部门的能力建设，尤其是在战略管理能力、政策制定和实施、文化表现形式的促进和推广、中小企业和微型企业的发展、技术的应用及技能开发与转让等方面。

（三）通过采取适当的鼓励措施来推动技术和专门知识的转让，尤其是在文化产业和文化企业领域。

（四）通过以下方式提供财政支持：

1. 根据第十八条的规定设立文化多样性国际基金；

2. 提供官方发展援助，必要时包括提供技术援助，以激励和支持创作；

3. 提供其他形式的财政援助，比如提供低息贷款、赠款以及其他资金机制。

**第十五条**　协作安排

缔约方应鼓励在公共、私人部门和非营利组织之间及其内部发展伙伴关系，以便与发展中国家合作，增强他们在保护和促进文化表现形式多样性方面的能力。这类新型伙伴关系应根据发展中国家的实际需求，注重基础设施建设、人力资源开发和政策制定，以及文化活动、产品与服务的交流。

**第十六条**　对发展中国家的优惠待遇

发达国家应通过适当的机构和法律框架，为发展中国家的艺术家和其他文化专业人员及从业人员，以及那里的文化产品和文化服务提供优惠待遇，促进与这些国家的文化交流。

**第十七条**　在文化表现形式受到严重威胁情况下的国际合作

在第八条所述情况下，缔约方应开展合作，相互提供援助，特别要援助发展中国家。

**第十八条**　文化多样性国际基金

一、兹建立"文化多样性国际基金"（以下简称"基金"）。

二、根据教科文组织《财务条例》，此项基金为信托基金。

三、基金的资金来源为：

（一）缔约方的自愿捐款；

（二）教科文组织大会为此划拨的资金；

（三）其他国家、联合国系统组织和计划署、其他地区和国际组织、公共和私人部门以及个人的捐款、赠款和遗赠；

（四）基金产生的利息；

（五）为基金组织募捐或其他活动的收入；

（六）基金条例许可的所有其他资金来源。

四、政府间委员会应根据下文第二十二条所述的缔约方大会确定的指导方针决定基金资金的使用。

五、对已获政府间委员会批准的具体项目，政府间委员会可以接受为实现这些项目的整体目标或具体目标而提供的捐款及其他形式的援助。

六、捐赠不得附带任何与本公约目标不相符的政治、经济或其他条件。

七、缔约方应努力定期为实施本公约提供自愿捐款。

**第十九条** 信息交流、分析和传播

一、缔约方同意，就有关文化表现形式多样性以及对其保护和促进方面的成功经验的数据收集和统计，开展信息交流和共享专业知识。

二、教科文组织应利用秘书处现有的机制，促进各种相关的信息、统计数据和成功经验的收集、分析和传播。

三、教科文组织还应建立一个关于文化表现形式领域内各类部门和政府组织、私人及非营利组织的数据库，并更新其内容。

四、为了便于收集数据，教科文组织应特别重视申请援助的缔约方的能力建设和专业知识积累。

五、本条涉及的信息收集应作为第九条规定的信息收集的补充。

## 第五章　与其他法律文件的关系

**第二十条** 与其他条约的关系：相互支持，互为补充和不隶属

一、缔约方承认，他们应善意履行其在本公约及其为缔约方的其他所有条约中的义务。因此，在本公约不隶属于其他条约的情况下：

（一）缔约方应促使本公约与其为缔约方的其他条约相互支持；

（二）缔约方解释和实施其为缔约方的其他条约或承担其他国际义务时应考虑到本公约的相关规定。

二、本公约的任何规定不得解释为变更缔约方在其为缔约方的其他条约中的权利和义务。

**第二十一条** 国际磋商与协调

缔约方承诺在其他国际场合倡导本公约的宗旨和原则。为此，缔约方在需要时应进行相互磋商，并牢记这些目标与原则。

## 第六章　公约的机构

**第二十二条** 缔约方大会

一、应设立一个缔约方大会。缔约方大会应为本公约的全会和最高权力机构。

二、缔约方大会每两年举行一次例会，尽可能与联合国教科文组织大会同期举行。缔约方大会作出决定，或政府间委员会收到至少三分之一缔约方的请求，缔约方大会可召开特别会议。

三、缔约方大会应通过自己的议事规则。

四、缔约方大会的职能应主要包括以下方面：

（一）选举政府间委员会的成员；

（二）接受并审议由政府间委员会转交的本公约缔约方的报告；

（三）核准政府间委员会根据缔约方大会的要求拟订的操作指南；

（四）采取其认为有必要的其他措施来推进本公约的目标。

**第二十三条　政府间委员会**

一、应在联合国教科文组织内设立"保护与促进文化表现形式多样性政府间委员会"（以下简称"政府间委员会"）。在本公约根据其第二十九条规定生效后，政府间委员会由缔约方大会选出的18个本公约缔约国的代表组成，任期四年。

二、政府间委员会每年举行一次会议。

三、政府间委员会根据缔约方大会的授权和在其指导下运作并向其负责。

四、一旦公约缔约方数目达到50个时，政府间委员会的成员应增至24名。

五、政府间委员会成员的选举应遵循公平的地理代表性以及轮换的原则。

六、在不影响本公约赋予它的其他职责的前提下，政府间委员会的职责如下：

（一）促进本公约目标，鼓励并监督公约的实施；

（二）应缔约方大会要求，起草并提交缔约方大会核准履行和实施公约条款的操作指南；

（三）向缔约方大会转交公约缔约方的报告，并随附评论及报告内容概要；

（四）根据公约的有关规定，特别是第八条规定，对本公约缔约方提请关注的情况提出适当的建议；

（五）建立磋商程序和其他机制，以在其他国际场合倡导本公约的目标和原则；

（六）执行缔约方大会可能要求的其他任务。

七、政府间委员会根据其议事规则，可随时邀请公共或私人组织或个人参加就具体问题举行的磋商会议。

八、政府间委员会应制定并提交缔约方大会核准自己的议事规则。

**第二十四条** 联合国教科文组织秘书处

一、联合国教科文组织秘书处应为本公约的有关机构提供协助。

二、秘书处编制缔约方大会和政府间委员会的文件及其会议的议程，协助实施会议的决定，并报告缔约方大会决定的实施情况。

## 第七章　最后条款

**第二十五条** 争端的解决

一、本公约缔约方之间关于公约的解释或实施产生的争端，应通过谈判寻求解决。

二、如果有关各方不能通过谈判达成一致，可共同寻求第三方斡旋或要求第三方调停。

三、如果没有进行斡旋或调停，或者协商、斡旋或调停均未能解决争端，一方可根据本公约附件所列的程序要求调解。相关各方应善意考虑调解委员会为解决争端提出的建议。

四、任何缔约方均可在批准、接受、核准或加入本公约时，声明不承认上述调解程序。任何发表这一声明的缔约方，可随时通知教科文组织总干事，宣布撤回该声明。

**第二十六条** 会员国批准、接受、核准或加入

一、联合国教科文组织会员国依据各自的宪法程序批准、接受、核准或加入本公约。

二、批准书、接受书、核准书或加入书应交联合国教科文组织总干事保存。

**第二十七条** 加入

一、所有非联合国教科文组织会员国，但为联合国或其任何一个专门机构成员的国家，经联合国教科文组织大会邀请，均可加入本公约。

二、没有完全独立，但根据联合国大会第1514（XV）号决议被联合国认定为充分享有内部自治，并且有权处理本公约范围内的事宜，包括有权就这些事宜签署协议的地区也可加入本公约。

三、对区域经济一体化组织适用如下规定：

（一）任何一个区域经济一体化组织均可加入本公约，除以下各项规定外，这类组织应以与缔约国相同的方式，完全受本公约规定的约束；

（二）如果这类组织的一个或数个成员国也是本公约的缔约国，该组织与这一或这些成员国应确定在履行本公约规定的义务上各自承担的责任。责任的分担应在完成第（三）项规定的书面通知程序后生效；该组织与成员国无权同时行使本公约规定的权利。此外，经济一体化组织在其权限范围内，行使其与参加本公约的成员国数目相同的表决权。如果其任何一个成员国行使其表决权，此类组织则不应行使表决权，反之亦然。

（三）同意按照第（二）项规定分担责任的区域经济一体化组织及其一个或数个成员国，应按以下方式将所建议的责任分担通知各缔约方：

1. 该组织在加入书内，应具体声明对本公约管辖事项责任的分担；

2. 在各自承担的责任变更时，该经济一体化组织应将拟议的责任变更通知保管人，保管人应将此变更通报各缔约方。

（四）已成为本公约缔约国的区域经济一体化组织的成员国在其没有明确声明或通知保管人将管辖权转给该组织的所有领域应被推断为仍然享有管辖权。

（五）"区域经济一体化组织"，系指由作为联合国或其任何一个专门机构成员国的主权国家组成的组织，这些国家已将其在本公约所辖领域的权限转移给该组织，并且该组织已按其内部程序获得适当授权成为本公约的缔约方。

四、加入书应交存联合国教科文组织总干事处。

**第二十八条　联络点**

在成为本公约缔约方时，每一缔约方应指定第九条所述的联络点。

**第二十九条　生效**

一、本公约在第三十份批准书、接受书、核准书或加入书交存之日起的三个月后生效，但只针对在该日或该日之前交存批准书、接受书、核准书或加入书的国家或区域经济一体化组织。对其他缔约方，本公约则在其批准书、接受书、核准书或加入书交存之日起的三个月之后生效。

二、就本条而言，一个区域经济一体化组织交存的任何文书不得在该组织成员国已交存文书之外另行计算。

**第三十条** 联邦制或非单一立宪制

鉴于国际协议对无论采取何种立宪制度的缔约方具有同等约束力，对实行联邦制或非单一立宪制的缔约方实行下述规定：

（一）对于在联邦或中央立法机构的法律管辖下实施的本公约各项条款，联邦或中央政府的义务与非联邦国家的缔约方的义务相同；

（二）对于在构成联邦，但按照联邦立宪制无须采取立法手段的单位，如州、县以及省或行政区的法律管辖下实施的本公约各项条款，联邦政府须将这些条款连同其关于采用这些条款的建议一并通知各个州、县以及省或行政区等单位的主管当局。

**第三十一条** 退约

一、本公约各缔约方均可宣布退出本公约。

二、退约决定须以书面形式通知，有关文件交存联合国教科文组织总干事处。

三、退约在收到退约书十二个月后开始生效。退约国在退约生效之前的财政义务不受任何影响。

**第三十二条** 保管职责

联合国教科文组织总干事作为本公约的保管人，应将第二十六条和第二十七条规定的所有批准书、接受书、核准书或加入书和第三十一条规定的退约书的交存情况通告本组织各会员国、第二十七条提到的非会员国和区域经济一体化组织以及联合国。

**第三十三条** 修正

一、本公约缔约方可通过给总干事的书面函件，提出对本公约的修正。总干事应将此类函件周知全体缔约方。如果通知发出的六个月内对上述要求做出积极反应的成员国不少于半数，总干事则可将公约修正建议提交下一届缔约方大会进行讨论或通过。

二、对公约的修正须经出席并参加表决的缔约方三分之二多数票通过。

三、对本公约的修正一旦获得通过，须交各缔约方批准、接受、核准或加入。

四、对于批准、接受、核准或加入修正案的缔约方来说，本公约修正案在三分之二的缔约方递交本条第三款所提及的文件之日起三个月后生效。此后，对任何批准、接受、核准或加入该公约修正案的缔约方来说，在其递交批准书、接受书、核准书或加入书之日起三个月之后，本公约修正案生效。

五、第三款及第四款所述程序不适用第二十三条所述政府间委员会成员国数目的修改。该类修改一经通过即生效。

六、在公约修正案按本条第四款生效之后加入本公约的那些第二十七条所指的国家或区域经济一体化组织，如未表示异议，则应：

（一）被视为经修正的本公约的缔约方；

（二）但在与不受修正案约束的任何缔约方的关系中，仍被视为未经修正的公约的缔约方。

**第三十四条　有效文本**

本公约用阿拉伯文、中文、英文、法文、俄文和西班牙文制定，六种文本具有同等效力。

**第三十五条　登记**

根据《联合国宪章》第一百〇二条的规定，本公约将应联合国教科文组织总干事的要求交联合国秘书处登记。

**附件　调解程序**

**第一条　调解委员会**

应争议一方的请求成立调解委员会。除非各方另有约定，委员会应由 5 名成员组成，有关各方各指定其中 2 名，受指定的成员再共同选定 1 名主席。

**第二条　委员会成员**

如果争议当事方超过两方，利益一致的各方应共同协商指定代表自己的委员会成员。如果两方或更多方利益各不相同，或对是否拥有一致利益无法达成共识，则各方应分别指定代表自己的委员会成员。

**第三条　成员的任命**

在提出成立调解委员会请求之日起的两个月内，如果某一方未指定其委员会成员，联合国教科文组织总干事可在提出调解请求一方的要求下，在随后的两个月内做出任命。

**第四条　委员会主席**

如果调解委员会在最后一名成员获得任命后的两个月内未选定主席，

联合国教科文组织总干事可在一方要求下，在随后的两个月内指定一位主席。

**第五条　决定**

调解委员会根据其成员的多数表决票做出决定。除非争议各方另有约定，委员会应确定自己的议事规则。委员会应就解决争议提出建议，争议各方应善意考虑委员会提出的建议。

**第六条　分歧**

对是否属于调解委员会的权限出现分歧时，由委员会作出决定。

2005 年 12 月 9 日订于巴黎，一式两份，均为正本，由联合国教科文组织大会第三十三届会议主席和联合国教科文组织总干事签署，并存放于联合国教科文组织的档案中，经核准的副本将分送第二十六条和第二十七条提及的所有国家、地区和地区经济一体化组织以及联合国。

上述文本为在巴黎召开的、于 2005 年 10 月 21 日闭幕的教科文组织大会第三十三届会议通过的公约正式文本。为此，我们在本公约上签字，以昭信守。

# 二 世界语言权利宣言

（世界语言权利会议西班牙：巴塞罗那，1996年6月6—9日）

**前言**

1996年6月6日至9日在巴塞罗那聚会，签署本《世界语言权利宣言》的各机构和非政府组织；

考虑到1948年的《世界人权宣言》在其序言中表明了"对基本人权、人格尊严和价值以及男女平等权利的信念"，并在其第二条中规定"人人有资格享受……一切权利和自由"，不分"种族、肤色、性别、语言、宗教、政治或其他见解、国籍或社会出身、财产、出生或其他身份等任何区别"；

考虑到1966年12月16日的《公民权利和政治权利国际公约》（第二十七条）及同一天的《经济、社会、文化权利国际公约》，这两个公约在其序言中宣布：只有在创造了使人人可以享有其公民和政治权利，正如享有其经济、社会和文化权利一样的条件的情况下，才能实现自由人类享有……自由的理想；

考虑到联合国组织大会1992年12月18日第47/135号决议（《在民族或族裔、宗教和语言上属于少数群体的人的权利宣言》）；

考虑到欧洲委员会的各项宣言和公约，其中包括1950年11月4日的《保护人权和基本自由的欧洲公约》（第14条）、1992年6月29日的《欧洲委员会部长理事会公约》（根据该公约通过了关于地区或少数群体语言的欧洲宪章）、1993年10月9日的《欧洲委员会首脑会议关于少数民族的宣言》及1994年11月的保护少数民族框架宣言；

考虑到《国际笔会圣雅克德孔波斯特拉宣言》和国际笔会笔译和语言权利委员会1993年12月15日关于召开一次世界语言权利会议的建议

的宣言；

考虑到在1987年10月9日的累西腓（巴西）宣言中，国际发展文化间传播协会第二十二期研讨会建议联合国采取必要措施，通过并实施一项世界语言权利宣言；

考虑到1989年6月26日国际劳工组织关于独立国家土著人民的第169号公约；

考虑到1990年5月在巴塞罗那通过的《世界各族人民共同权利宣言》宣布各族人民均有权表现和发展其文化、语言及其组织规则，并有权为此而按照不同的政治格局设立自己的政治、教育、传播和公共行政管理机构；

考虑到1991年8月16日在佩奇（匈牙利）通过的国际现代语言教师联合会大会最后宣言主张"将语言权利视为人的基本权利"；

考虑到1994年4月20日联合国经济及社会理事会人权委员会关于土著人民权利宣言临时文本的报告，该报告结合共同权利对个人权利进行了分析；

考虑到美洲人权委员会1995年9月18日在其第1278届会议期间通过的关于土著人民权利的宣言临时文本；

考虑到世界上大多数受威胁的语言属于没有主权的各民族人民，妨碍这些语言发展和加速语言替换进程的其中两个主要因素是没有政治上的自主权和有关国家将其政治—行政结构及其语言强加于人的做法；

考虑到侵略、殖民化和占领，以及其他政治、经济或社会从属状况往往导致直接强加某种外国语言，或至少导致对语言价值认识方面的某种扭曲和划分语言等级之态度的出现，影响了讲话人的语言忠实度，因此认为，由于这些原因，某些已经获得自主权的民族的语言正面临着一种因提倡原托管语言的政治所造成的语言替代过程；

考虑到世界性应当以语言和文化多样性的概念为基础，这种概念不仅超越清一色的倾向，而且应当超越会造成排斥的隔离的倾向；

考虑到为了保障各语言社区之间的和谐共处，应当制定能够确保促进、尊重和在公共及私人的社会生活中使用所有语言的普遍性原则；

考虑到非语言的各种因素（历史、政治、领土、人口、经济、社会文化、社会语言和集体行为方面的各种因素）产生了一些问题，这些问题造成了许多语言的消失、边缘化或退化，因而应全面地考虑语言权利，以便在各种情况下能够使用各种适当的解决办法；

意识到世界语言权利宣言已成为纠正语言不平衡状况、使各种语言均受尊重和充分发展以及制定作为在社会中共处的一个关键因素的公正合理的全球语言和平的原则之所必需；

**宣布**

**序言**

考虑到上述意见，每种语言的状况是政治、法律、意识形态和历史、人口和领土、经济和社会、文化、语言和社会语言、语言间和主观等因素汇集和相互作用的结果。

目前，这些因素取决于：

大多数国家上百年的减少多样性和对文化多元性和语言多元化采取消极态度的统一趋势。

经济世界化进程，因而也就是信息、传播及文化市场的世界化进程，这一进程正在打乱能确保每个语言社会内部凝聚力的各个关系领域和相互作用的形式。

跨国经济集团提倡的经济增长模式，它们把取消控制与进步、把竞争性个人主义与自由等同起来，这就在经济、社会、文化和语言方面产生了严重的、越来越多的不平等现象。

如若以下基本目标得不到考虑，那么目前各个语言社区所受到的种种威胁——无论是缺乏政治自主权、人口数量有限或是人口密度分散或局部分散、经济不稳定、语言不成体系，还是文化模式与占优势的模式相对立——都会使许多语言无法继续存在和发展：

从政治角度设想语言多样性的安排，使所有的语言社区都能有效地参与这一新的增长模式；

从文化角度使世界传播空间与各国人民、各语言社区和所有个人对发展进程的公平参与完全一致起来；

从经济角度把持久发展建立在所有人的参与、重视各个社会的生态平衡以及各种语言和各种文化之间关系公正的基础之上。

因此，本宣言的出发点是各语言社区而不是各国。它在追求促进安排一个以相互尊重、和睦共处和捍卫整体利益为基础的语言多样性政治框架这一目标的同时,又是加强有能力确保全人类持久公正发展的各个国际机构这一工作的组成部分。

# 第一篇　有关概念的详细说明

**第 1 条**

1. 在本宣言中,语言社区意指历史上在某一确定的领土(不管受到承认与否)上定居,成为一个民族并发展了一种共同的语言作为其成员之间惯常交流和文化内聚的手段的任何一个人类社会。某一领土所特有的语言这一说法意指历史上在这同一领土上形成的社会的民族语言。

2. 本宣言所遵循的原则是语言权利既属于个人又属于集体,并把历史上在其领土上——不仅指这个社会居住的地理区域,而且还指语言得到充分发展所需的社会空间和实用空间——的某个语言社会的情况作为整个语言权利的参照。本条第 5 段所指的语言群体和生活在其社会所处之领土以外的人们的权利的发展或延续均源于这一前提。

3. 为本宣言所述之目的,现把以下群体看作是处于自己的领土上并属于某一语言社区:

ⅰ. 因政治边界或行政边界而与其社会的其他部分分开的群体;

ⅱ. 历史上居住在因被其他语言社区成员包围而缩小了的地理空间的群体,或;

ⅲ. 居住在与具有相同历史经历的其他语言社区的成员共同居住的地理空间的群体。

4. 本宣言还把在其历史上移动的区域里的游牧民族或在分散的地方定居的民族看作是在自己历史领土上的语言社区。

5. 在本宣言中,语言群体意指定居在另一语言社区领土上、不是相同历史经历但是有共同语言的任何一个社会群体,移民、难民、流离失所的人或海外犹太人就是这种情况。

**第 2 条**

1. 本宣言认为,当数个语言社区或语言群体共处一块领土时,本宣言提出的权利就应在相互尊重的基础上加以行使,并以最大限度的民主保证给予保护。

2. 为了使社会语言平衡达到令人满意的程度,也就是说在这些语言社区或语言群体及其组成人员各自的权利之间确定适当的联系，有必要考虑他们在有关领土上的历史经历以外的因素。这些因素包括移居的必然性，因移居导致不同社会或群体共处，以及他们在政治、社会、经济和文化上的不稳定性；对这些因素加以考虑可以算上一个有助于重新平衡的补救方法。

**第 3 条**

1. 本宣言认为以下权利是可以在任何场合行使的不可剥夺的个人权利：

作为某一语言社区的成员而受到承认的权利；

在私下和公共场合讲自己语言的权利；

使用自己名字的权利；

与其原有的语言社区的其他成员联系和结社的权利；

保留和发展自己文化的权利；以及 1966 年 12 月 16 日通过的《公民权利和政治权利国际公约》和《经济、社会、文化权利国际公约》这两个公约涉及的与语言有关的所有其他权利。

2. 本宣言认为，除了上一条所涉及的权利并根据第 2 条第 2 段之规定，语言群体的集体权利可包括：

每个群体有权教授自己的语言和文化；

每个群体有权拥有文化机构；

每个群体有权在传播媒介中公平地使用自己的语言和介绍自己的文化；

有关群体中的每一位成员有权在与当局的联系和社会经济联系中得到以自己语言所作的答复。

3. 上述个人权利和语言群体的权利无论在何种情况下均不应妨碍他们与作为东道主的语言社区的关系或妨碍他们融入这一社会。此外，他们不得妨碍所在社会或其成员在自己的整个领土上在公共场合无条件使用自己语言的权利。

**第 4 条**

1. 本宣言认为，在与己不同的语言社区的领土上移徙和定居的人有权也有义务对此社会采取一种融合的态度。融合的定义是上述人员的一种附加性社会化，使其能够保留自己原有的文化特性，同时又能与接待社会共同具有足够的参照标准、价值观和行为举止，不致在其社会生活和职业生活中比接待社会的成员遇到更多的困难。

2. 相反，本宣言认为在任何情况下都不应强迫或引诱同化，它应是一种有意识选择的结果；所谓同化，就是人在其被接待的社会里的文化适应，目的是用接待社会所特有的参照标准、价值观和行为举止取代自己原有的文化特性。

**第5条**

本宣言所遵循的原则是所有语言社区的权利是平等的，也是独立于其语言作为官方语言、地区语言或少数民族语言在法律或政治上的地位之外的；虽然承认某种语言是少数民族语言或地区语言有时可能有利于某些权利的行使，但是本宣言没有使用"地区语言"和"少数民族语言"的提法，因为往往以此来限制某一语言社区的权利。

**第6条**

本宣言不考虑借口某种语言是一国的官方语言或根据传统它在有关领土上作为行政语言使用或在一些文化活动中使用就可以把它作为某一领土所固有的语言。

## 一般原则

**第7条**

1. 各种语言均体现了某一种共同的特性和一种不同的看待和描述事物的方法。因此，这些语言应当享有在所有领域得到充分发展所需的各种条件。

2. 每种语言都是一种由集体组成的现实，它存在于一个特定的社区内，作为促进团结、鉴别身份、相互交流和表现创造力的工具供该社区的成员使用。

**第8条**

1. 每个语言社区均有权组织和管理自己的资源，以确保在社会生活的所有领域里使用自己的语言。

2. 每个语言社区均有权采取必要的手段，确保其语言的传播和永存。

**第9条**

每个社区均有权使其语言体系系统化和标准化，有权保存、发展及推广这种体系，且不受外来的或强加的干扰。

**第10条**

1. 所有的语言社区均享有平等的权利。

2. 本宣言认为，以一个语言社区的政治主权程度，其社会、经济或其他方面的状况，或其语言所达到的系统化、现实化或现代化水平等为标准对该语言社区采取任何歧视的态度都是不能接受的。

3. 在施行平等原则时，应采取确保这一平等得到具体落实的一切必要的措施。

### 第 11 条

每个语言社区有权掌握进行语言双向翻译的手段，以确保行使本宣言中所列的各项权利。

### 第 12 条

1. 人人有用自己的语言开展公众活动的权利，只要该语言也是其居住之领土上的语言。

2. 人人都有在其个人或家庭环境中使用自己的语言的权利。

### 第 13 条

1. 每个人都有学习其居住领土上的语言的权利。

2. 每个人都有权成为会讲多种语言的人，并有权了解和使用最适合其个人全面发展或其社会流动的语言，但不得损害本宣言为有关领土特有语言的公开使用所提供的保障。

### 第 14 条

本宣言的各项规定不得解释为或用来作为对抗由一个内部政体或国际制度规定的更倾向于在有关领土上使用该领土自己的一种语言的任何其他准则或实际做法。

## 第二篇　一般语言体制

### 第 I 节　行政当局和官方机制

#### 第 15 条

1. 每个语言社区都有权使自己的语言作为自己领土上使用的官方语言。

2. 每个语言社区都有权使用本领土上的语言编制的司法和行政文书，公共和私人文件及公共登记簿上的入册事项被视为有效和确实成立，任何人不得借口称不了解。

**第 16 条**

一个语言社区的任何成员都有权在其同政府当局的联系中使用自己的语言,也有权得到这种语言的答复。这一权利也适用于与这一语言所属领土上的中央行政当局,有关领土、地方或超领土行政当局的交往。

**第 17 条**

1. 每个语言社区都有权在使用其语言的领土上用其语言掌握和获得各种有用的官方文件,不论这些文件是以纸张、磁性材料还是其他材料为载体。

2. 政府当局用纸张、磁性载体或其他载体印发的各种表格、图样或其他行政文件都应采用发放部门所管领土上的所有语言进行编印和提供给公众使用。

**第 18 条**

1. 每个语言社区都有权要求用其领土上的语言公布涉及该社区的各种法律和其他立法规定。

2. 在其工作范围内历来都采用一种以上地方语言的政府当局应用这些语言颁布一般性的法律和规定,不必考虑其对话者是否懂其他语言。

**第 19 条**

1. 各议会应将其代表的领土上历来所讲的语言作为官方语言。

2. 这项权利亦涉及第 1 条第 4 段所提到的那些分散的社区所使用的语言。

**第 20 条**

1. 每个人均有权在法庭上口头或书面使用法庭所在领土上历来所讲的语言。法庭应在其内部行动中使用该领土所特有的语言,如果国家的司法制度迫使诉讼程序不得不在原法院管辖领土之外进行,仍应保留原有的语言。

2. 在所有情况下,每个人都有权要求采用其能懂和会说的语言对其进行审判或免费得到的口译人员的协助。

**第 21 条**

每个语言社区有权要求公共登记入册手续采用有关领土上的语言。

**第 22 条**

每个语言社区有权要求政府官员发表的任何公证书或官方文件用属于该官员管辖范围的领土上的语言起草。

## 第Ⅱ节 教育

**第 23 条**

1. 教育应参与促进其所在领土上的语言社区在语言和文化方面的自由表达能力。

2. 教育应有助于保持和发展其所在领土上的语言社区所讲的语言。

3. 教育应始终为语言和文化的多样性服务,促进在全世界不同语言社区之间建立和睦的关系。

4. 考虑到以上情况,每个人有学习自己所选语言的权利。

**第 24 条**

每个语言社区有权决定应如何将其语言作为传授知识的用语和研究对象,体现在自己领土内的各级教育之中:学前、小学、中学、技术与职业、大学教育及成人培训。

**第 25 条**

每个语言社区有权掌握为使其语言充分体现在自己领土内的各级教育中所需的一切人力和物质资源:经过正规培训的教师、适当的教学方法、教科书、资金、校舍和设备、传统技术手段和尖端技术。

**第 26 条**

每个语言社区有权享有一种有助于社区所有成员完全掌握并能在各个活动领域使用自己的语言,有助于尽可能好地掌握他们希望学习的其他任何语言的教育。

**第 27 条**

每个语言社区有权享有一种有助于社区成员了解与其自己的文化传统有关的各种语言,如文学语言或圣语,该社区从前通常使用的语言的教育。

**第 28 条**

每个语言社区有权享有一种有助于社区成员深入了解自己的文化遗产(历史和地理、文学等),有助于尽可能多地了解他们希望认识的另一种文化的教育。

**第 29 条**

1. 任何人均有权以其所居住领土上的固有语言接受教育。

2. 此权利不排斥接触作为与其他语言社区进行交流之工具的其他任

何语言之口头和书面知识的权利。

**第 30 条**

任何语言社区的语言和文化都应成为在大学学习和研究的对象。

## 第Ⅲ节 专有名称

**第 31 条**

任何语言社区均有权在任何方面和任何时候保存和使用其专有名称构成的系统。

**第 32 条**

1. 任何语言社区均有权使用以有关领土上的固有语言命名的地名，以口头和书面形式以及在私人、公共或官方等所有领域均有这种权利。

2. 任何语言社区均有权确定、保存和修改本地的地名。在政治形势或其他形势发生变化时，原有的地名既不能任意废除、篡改或变通，也不能更换。

**第 33 条**

任何语言社区均有权用自己的语言命名。因此，翻译成其他语言时应避免含混不清的或含有贬义的称呼。

**第 34 条**

任何人均有权在各个方面使用以自己的语言为自己所命的人名，并在必要时有权要求另一书写符号系统尽可能忠实地为其注音。

## 第Ⅳ节 传媒与新技术

**第 35 条**

任何语言社区均有权决定其语言在当地传媒中应有的影响程度，不管是地方和传统的传媒，还是范围更广和使用更先进的技术的传媒，也不管所使用的是什么发行系统或传送方式。

**第 36 条**

任何语言社区均有权拥有为确保其语言在当地传媒中理想的影响程度和文化自由表达程度所必需的所有人力和物力：训练有素的工作人员，资金，场地和设备，传播技术手段和尖端技术。

**第 37 条**

任何语言社区均有权通过传媒深入了解其文化遗产（历史和地理、文学等）和尽可能多地了解有关其成员希望了解的其他任何文化的情况。

**第 38 条**

所有语言社区的语言和文化均应受到全世界所有传媒的公正的和非歧视性的对待。

**第 39 条**

本宣言第 1 条第 3 和第 4 段提及的社区以及同一条第 5 段所涉群体均有权使其语言在其定居或移居之领土的传媒中具有公正的地位。这一权利的行使应与有关领土其他语言群体或社区之权利的行使协调一致。

**第 40 条**

任何语言社区均有权拥有适合其语言系统的信息技术设备以及用自己语言的信息技术手段和产品，以便充分利用这些技术在自由表达、教育、传播、出版、翻译以及在信息处理和文化传播方面所具有的潜力。

## 第 V 节　文化

**第 41 条**

1. 任何语言社区均有权在所有文化表达方式方面使用、保持和加强其语言。

2. 应能充分行使这一权利，不使有关社区的空间被另一种文化以霸权主义的方式占领。

**第 42 条**

任何语言社区均有权在其自己的文化领域内得到充分的发展。

**第 43 条**

任何语言社区均有权接触用其语言印制的作品。

**第 44 条**

任何语言社区均有权利用传播充分的信息以及资助外国人的语言学习活动或翻译、译制、配音和加字幕等活动，参与各种文化交流计划。

**第 45 条**

任何语言社区均有权要求其领土所固有的语言在各种文化活动和文化机构（图书馆、录像资料馆、电影院、戏院、博物馆、民间文艺、文化工业以及文化生活的所有其他表现形式）中占有优先的地位。

**第 46 条**

任何语言社区均有权保护其语言遗产和文化遗产，其中包括档案、著作和艺术品、建筑成就和历史建筑物或用其语言铸刻的铭文等物质见证中的语言和文化遗产。

## 第VI节　社会、经济领域

**第 47 条**

1. 任何语言社区均有权决定在其领土上的所有社会、经济活动中使用其语言。

2. 一语言社区的任何成员均有权用自己的语言使用从事其职业活动所需要的一切手段，如参考资料与参考书，使用说明，各种印刷品或信息技术硬件、软件和产品。

3. 只要有关的职业活动的性质说明有必要这样做，在这方面便可使用其他语言。不管怎样，另一种新近出现的语言不能限制或禁止使用有关领土上固有的语言。

**第 48 条**

1. 在语言社区的领土上，任何人均有权在诸如买卖货物与劳务、银行业务、保险单、工作合同及其他方面等各种经济事务中完全合法地使用自己的语言。

2. 这些私人文件的任何条款均不能排除或限制一种语言在其自己领土上的使用。

3. 在其语言社区的领土上，任何人均有权使用以自己的语言印制的完成上述活动所必需的文件，如印刷品、支票、合同、发票、清单、订货单和其他文件。

**第 49 条**

在其语言社区的领土上，任何人均有权在诸如工会或同业公会及专业协会或专业界等各类社会、经济组织中使用自己的语言。

**第 50 条**

1. 任何语言社区均有权要求其语言在广告、商业招牌、信号标志以及国家形象等方面占有主导地位。

2. 在其语言社区的领土上，任何人均有权得到用其语言提供的关于商业机构建议的产品和服务的完整的口头和书面材料，既包括使用说明，也包括标签、成分清单、广告、保险和其他方面。

3. 有关人身安全的所有公共标志均应用有关领土自己的语言表示，这种语言的地位不应低于其他任何一种语言。

**第 51 条**

1. 任何人在与企业、商业机构和私人机构的交往中均有权使用有关领土固有的语言,并有权要求用这种语言回复。

2. 作为顾客、消费者和用户,任何人均有权要求面向公众的机构用有关领土固有的语言,以口头或书面形式提供情况。

**第 52 条**

任何人均有权用有关领土自己的语言从事其职业活动,除非职务所固有的职责要求使用其他语言,如语言教师、翻译或导游等。

## 附加条款

**第 1 条**

各公共当局应在其活动范围内为行使本宣言中公布的各项权利采取各种必要的措施。尤其是一些国际基金应帮助明显缺乏资金的社区行使语言方面的权利。例如,公共当局应为整理、记录和教授各社区的语言及其在政府部门的使用提供必要的帮助。

**第 2 条**

各公共当局应使各有关部门、组织和个人了解本宣言所规定的权利和义务。

**第 3 条**

各公共当局应配合现行法律规定旨在制止侵犯本宣言所涉语言权利的惩治办法。

## 最后条款

**第 1 条**

本宣言建议在联合国范围内设立一个语言理事会。应由联合国大会设立该理事会、规定其职责和任命其成员。联合国大会还应建立负责根据本宣言所承认的权利保护语言社区的国际法机构。

**第 2 条**

本宣言建议并鼓励设立一个非官方的和咨询性的世界语言权利委员会,该委员会由与语言权利有关的非政府组织和其他组织的代表组成。

巴塞罗那

1996 年 6 月

# 三　保护和促进世界语言多样性
## 岳麓宣言

世界语言资源保护大会

2018 年 9 月 19—21 日，中国长沙

## 引　言

我们生活在不同语言、文化、种族、宗教和不同社会制度所组成的世界里，形成了你中有我、我中有你的命运共同体。语言是促进人类发展、对话、和解、包容与和平的重要前提之一。

人们需要通过语言与他人沟通，并且通过语言将知识、观念、信仰和传统代代相传，这对于人类的生存、自尊、幸福、发展以及和平共处必不可少。我们认识到，在代代相传的历程中，儿童时期的语言学习效果最佳。

同时，语言还是文化的基本特征之一，是记录并传承一个族群、一个地区乃至世界独特文化的主要载体，它有助于人们通过共享的行为模式、互动方式、认知结构和理解方式来交流并构建人类命运共同体。语言记录了人类千百年来积累的传统知识和实践经验。这一知识宝库促进人类发展，见证了人类改造自然和适应环境的能力。

来自世界各地的参会者代表政府，国家语言文字管理部门，学术界，文化、信息和记忆组织，公共部门或私人机构，濒危语言、少数民族语言、土著语言、非官方语言以及方言使用者，其他有关专家于 2018 年 9 月 19—20 日在中国长沙共同出席了世界语言资源保护大会，并且通过本宣言。本宣言：

遵守《世界人权宣言》（1948）提到的各项人权和基本自由，以及其

他国际公认的法律文件。回顾联合国教科文组织组织法序言里申明的：
"战争起源于人之思想，故务需于人之思想中筑起保卫和平之屏障。"
(1945 年 11 月 16 日)，重申联合国教科文组织是一个积极促进语言多样性和多语主义的联合国系统机构。

基于其他支持语言权利的国际人权文件，包括：《消除一切形式种族歧视国际公约》(1965)、《经济、社会及文化权利国际公约》(1966)、《公民权利和政治权利国际公约》(1966)、《儿童权利公约》(1989)、《保护所有移徙工人及其家庭成员权利国际公约》(1990)、《在民族或族裔、宗教和语言上属于少数群体的人的权利宣言》(1992)、《残疾人权利公约》(2006)、《联合国土著人民权利宣言》(2007) 以及国际人权条约和其他机构在这一领域的工作。

回顾了其他国际文件，包括《世界文化多样性宣言》及其行动计划(2001)、《保护非物质文化遗产公约》(2003)、《保护和促进文化表达多样性公约》(2005)；《关于普及网络空间及提倡和使用多种语言的建议书》(2003)。

申明语言多样性政策必须首先尊重人民和社区作为语言守护者的尊严，尊重他们的权利，并就保护和促进语言多样性与他们真诚合作，探讨了为语言振兴、保护和促进所做出的努力，并获悉土著语言以及其他语言不断面临濒危困境的情况。

既考虑到语言和其承载的传统知识对于文化多样性和生物多样性极为重要，尤其在应对气候变化和环境恶化时至关重要，也考虑到拥有自己的语言是决定土著人民享有自决权的一个因素。

回顾绝大多数濒危语言是土著人民语言这一事实；也赞同联合国大会在关于"土著人民权利"的决议（编号 71/178）中表达的紧迫感，该决议宣布 2019 年为"国际本土语言年"。

重申联合国大会 2014 年 9 月 22 日第 69/2 号决议通过的《世界土著人民大会成果文件》，"全系统行动计划"及其之后的国家行动计划；土著人民权利专家会议及其有关研究和倡议等所达成的共识；以及联合国土著问题常设论坛 2016 年会议（E/2016/43）的结论和倡议，其主题为："土著语言：保护和振兴（《联合国土著人民权利宣言》第 13、14 和 16 条）"。

**本宣言申明**

（1）国际社会通过了强调保护语言多样性的重要国际文件以及其他政策文件；尤其是，联合国大会关于"土著民族权利"的第71/178号决议宣布2019年为"国际本土语言年"，已再次引起世界范围内对语言及其相关问题的重视。

（2）《联合国土著人民权利宣言》第13、14、16条进一步完善了语言权利的规范性内容。

（3）目前在特别关注保护及振兴土著人民语言文化，保护并传承濒危语言、少数民族语言、非官方语言及方言等方面已有优秀典范。

（4）近年来多个关于土著语言的国际专家会议可为此领域的工作提供借鉴。这些专门的国际研讨会汇聚了跨学科专家、政策制定者、学者以及一线工作者。联合国教科文组织制定的"2019年国际本土语言年行动计划"也是本领域的重要文件。

（5）"知识社会"这一概念建立在包容、开放、多样和多元等关键原则之上。文化多样性和多语主义在促进多元、公平、开放和包容的知识社会方面发挥着重要作用，也是普及教育、获取信息和实现表达自由的重要支柱。

（6）采用以人权为基础的方法，即不歧视、人权相互依存和相互关联；关注最弱势群体；关注大众参与；基于国际人权规范的责任。

**共识和倡议**

共识一：保护和促进语言多样性对于可持续发展目标的实现至关重要，因此倡议：

1. 保护和促进语言多样性有助于促进人类发展。保护语言多样性就是要保障各语言使用者在教育及其他基本的公共服务、就业、健康、社会融入、参与社会决策等方面机会均等，避免出现永久性文盲、失业、就医困难、受歧视和其他不公平现象，从而有利于实现消除贫困、消除饥饿和营造良好健康与福祉的人类发展目标。同时，语言多样性也是独特而古老的文化代代相传的基础。

2. 保护和促进语言多样性有助于提高濒危语言、少数民族语言、土著语言、非官方语言以及方言母语者的潜力、行动力和主动性。这包括人们自儿童期便开始使用并传承母语、接受母语教育、获得互联网和其他公共空间的信息和知识，视障人士使用盲文、听障人士使用手语进行交流，增加优质教育和性别平等的机会。

3. 保护和促进语言多样性有助于改善环境。维护语言多样性与理解语言赖以生存发展的自然生态环境、生物多样性、生产生活方式息息相关。在全球化的背景下，应将保护语言多样性与保护具有重大或特殊历史文化价值的城市或村落紧密结合，为保护语言多样性提供必要的环境条件和服务，探索语言多样性、环境保护与经济增长共赢的可持续发展模式。

4. 保护和促进语言多样性有助于推动经济发展。语言多样性为不同的语言使用者在其教育背景、社会生活以及经济发展中争取相对平等的权利，增加濒危语言、少数民族语言、土著语言、非官方语言以及方言母语者平等和优质就业的机会，以此推动可持续的经济增长。

5. 保护和促进语言多样性有助于加强社会融入、社会合作。保护语言多样性有助于减少不同母语者之间的性别与社会不平等现象，保障濒危语言、少数民族语言、土著语言、非官方语言以及方言母语者接受教育的权力，通过鼓励其参与促进文化多样性、濒危语言保护、非物质文化遗产保护的系列行动，例如口传文化、表演艺术、社会实践、宗教民俗和节庆活动等，增强弱势群体的社会融入程度和社会决策能力，以此创建更为和平、包容的社会，促进可持续发展。

共识二：保护和促进语言多样性需要国际社会各方面积极作为，切实有效参与其中，因此倡议：

6. 联合国教科文组织肩负着倡议、引领、促进、普及、保护世界语言多样性的重要职责。

（1）应监测世界语言多样性现状，据此制定并落实与此相关的政策或措施；与持积极态度的政府和非政府组织、土著人民、公共和私人机构、社区和个人开展合作，支持相关合作者开展语言能力建设。

（2）联合国教科文组织应当鼓励并指导各成员国、有关学术机构及企业开展濒危语言保护工作，积极与濒危语言，包括少数民族语言、土著语言和其他弱势语言的社区建立联系。

（3）联合国教科文组织应当构建保护和促进语言多样性城市网络，探索将语言多样性作为可持续城市的重要标准之一。

（4）联合国教科文组织应当支持、鼓励和宣传以政策为导向的研究，系统全面地解决语言公正问题，并将其作为可持续发展的重要组成部分。

7. 联合国和其他国际人权机构和机制有责任继续从保障人权的维度监测语言权利行使状况。这包括人权条约机构和特别程序，例如：经济、社会和文化权利委员会、儿童权利委员会、文化权利问题特别报告员和土著人民权利问题特别报告员。

（1）应将保护和促进世界语言多样性纳入联合国相关发展议程中，确保其在构建人类命运共同体，促进全球范围内的平等、互鉴、理解、对话、包容，捍卫世界和平等方面发挥不可替代的重要作用。

（2）建议联合国大会宣布一项国际十年活动，名为"本土语言国际十年"。因为世界土著语言振兴需要各个国家、土著人民和其他方面的持续努力。

8. 国家和政府在保护和促进本国语言多样性方面应发挥主导作用，鼓励各成员国制定健全的语言政策和语言资源管理运营机制。

（1）应根据本国语言国情制定科学规划，及时有效地开展本国的语言资源调查保护，并让相关语言群体参与到有关工作中来。

（2）应组织开展教育和文化活动弘扬语言文化多样性和多语主义，通过让语言社区参与计划实施和相关项目评估工作，培育社会大众的语言自信和语言保护传承意识。

（3）应将负责语言项目规划、实施和评估的语言政策制定机制与本国专业技术和方法传统紧密结合起来。

（4）鼓励在国家层面根据《保护和促进世界语言多样性岳麓宣言》和其他相关国际文件，制订行动计划，并鼓励相关方面参与其中。

9. 鼓励国家语言文字管理部门、学术界、非政府组织、公共和私人机构以及个人通过科研、媒体、课程、艺术、文化产品和信息通信技术等多种方式保护并促进语言多样性。

（1）鼓励所有相关方面，包括国家语言文字管理部门、学术界、非政府组织、公共组织、私人组织和个人，认识并进一步提高对"语保人/语言达人/语言推广大使"等称谓的认识。无论他们是社区，组织，机构还是个人，他们都在通过科学研究、媒体、课程开发、艺术、文化生产和信息通信技术等手段，为保护和促进语言多样性做出努力。

（2）支持社会大众，尤其是青少年，包括他们中的社会边缘化群体，开展语言保护、振兴和传承的教育活动和文化活动。

（3）鼓励在世界范围内成立以保护国家和世界语言多样性为目标的青年联盟或青年组织，通过举办青年论坛、会议研讨和志愿者活动等方式，加强语言资源人才建设。

（4）鼓励城市积极促进当地语言多样性，并将其转化为知识或生产力，实现在全球化背景下保护和促进语言多样性的目标。

（5）保护与促进语言多样性的国际标准文件应能明显缩小现有规范标准与近年来积极开展的各项语言保护行动之间的差距。

（6）建议制定一份新的国际规范标准文件，以契合目前各国及国际社会上多项积极主动的语言保护行动的需求。

（7）鼓励各国政府、私人机构、非政府组织、学术界和其他相关者，为保护和促进土著语言及其他濒危语言提供资金资助和相关资源。

（8）学术机构和土著组织是帮助鉴定并提供资源的关键。应积极设立语言资源保护项目，共享由高校、语言学家调查采集而得的语言数据，以减少土著语言的流失。同时，土著社区可以为这些方案的具体实施提供宝贵意见，并提供更多口语流利的发音人。

（9）"2019国际本土语言年"是一个向多元文化世界发起全球性号召的重要时间节点。应建立专家培训方案，培训有资质的专家，通过鼓励专家进入公共组织、私人机构或民间社团工作，促进文化可持续发展。

（10）积极汇聚语言振兴的经验和方法，将有助于国际社会和各国家践行上述各项倡议。联合国教科文组织、联合国土著问题常设论坛秘书处应能够引领这项工作的开展。

共识三：保护和促进语言多样性应当与科技发展相结合，因此倡议：

10. 语言是一种宝贵的、不可再生的社会文化资源。应重视利用科技进步来推动各语言及其文化之间的交流合作，促进文明交流互鉴。

11. 建议制定语言资源保护的国际标准，包括语言资源调查、整理、加工、保存的技术标准，也包括在全世界范围内共建、共享、共同开发利用语言资源大数据的标准。这需要国际标准化组织（如ISO）和从事语言资源保护的专业部门（如大学和科研机构）、专家以及其他利益相关者共同制定并执行。

12. 成员国应制定科学稳妥的政策，采取积极有效的措施，让科技发展惠及各语言使用者，使之平等地拥有接受教育和传承文化的权利，享受科技产品的服务和便利。

13. 成员国、公共组织、学术界、非政府组织和民间团体、联合国实体和相关机构、私人机构、语言使用者和其他相关人士，应与土著人民和其他语言团体合作，在全球信息网络环境中促进语言多样性，营造多语言使用及多语言自由转换的互联网空间。

14. 成员国、公共组织、学术界、非政府组织和民间团体、联合国实体和相关机构、私人机构和其他相关人士，应与土著人民和其他语言团体合作，通过人工智能、信息通信等技术推动语言文化的创造性转化、创新性发展和有效传播，寻求濒危语言、少数民族语言、土著语言、非官方语言以及方言保护传承的新途径。同时，应认识到语言是人工智能的重要资源之一，人工智能的发展也离不开语言资源。

15. 成员国、公共组织、学术界、非政府组织和民间团体、联合国实体和相关机构、私人机构和其他相关人士，应与土著人民和其他语言团体合作，积极研发语言数据采集分析工具，以及多模态语料转写标注、文化展示互动的先进工具；利用语音识别、机器翻译技术提高语言教育和语言学习的效率。

16. 鼓励联合国实体、政府间组织、国家、政府和非政府组织、公共和私人机构、土著人民和社区以及来自全球、国家到地方各个层级与语言多样性工作相关的个人，关注语言多样性相关措施并付诸实施。

17. 参与建设新型"世界语言地图"项目，与中国以及其他国家的语言研究机构、相关高校合作，建立专家工作组或合作伙伴关系，鼓励其在联合国教科文组织"世界语言地图"的框架下，参与或支持本国家或本地区语言地图的建设。

18. 成员国、私人机构、学术界和其他相关人士，应与土著人民和其他语言社区合作，为语言振兴、语言复活和语言维持而加强国家基础设施建设，包括建设语言振兴机构、语言委员会、语言博物馆或语言典藏和数字化的实体机构。

19. 博物馆是保存、保护、展示、共享语言资源的最佳载体之一。鼓励国际组织、政府，公共组织或非政府组织、土著人民、私人机构，社区或个人积极建设语言博物馆，特别鼓励建设与语言社区紧密结合的生态博物馆或语言文化体验区。信息、记忆、档案和文化组织（如博物馆），无论是实体的还是虚拟的，都将对保护和促进语言多样性发挥积极作用。

20. 鼓励成员国通过项目合作、学术交流等方式共享语言资源保护的规范标准、技术工具和前沿理念；包括开源免费的资源。特别是应当促进国家和地方上的语言调查、保护、传承、发展。鼓励从事保护和促进语言多样性工作的研究机构、专家赴各国、各地区开展项目合作和学术交流。

**致谢**

感谢联合国教科文组织和中华人民共和国政府于 2018 年 9 月 19—21 日在中华人民共和国湖南省长沙市成功举办世界语言资源保护大会。

[附注：2019 年 1 月 18 日，联合国教科文组织通过官网正式公布《保护和促进世界语言多样性岳麓宣言》。2018 年 9 月，由中国政府和联合国教科文组织在中国长沙共同举办的首届世界语言资源保护大会上，联合国教科文组织及各国政府、相关学术机构代表和与会专家学者讨论并通过了《保护和促进世界语言多样性岳麓宣言（草案）》。会后，联合国教科文组织按照程序广泛征求意见并进一步完善后形成宣言最终文本。

《保护和促进世界语言多样性岳麓宣言》是联合国教科文组织首个以"保护语言多样性"为主题的宣言，是重要的永久性文件，也是联合国"2019 国际本土语言年"的重要基础性文件。宣言向全世界发出倡议，号召国际社会、各国、各地区、政府和非政府组织等就保护和促进世界语言多样性达成共识。宣言体现了加强语言交流互鉴，推动构建人类命运共同体的理念，凝练了当前世界语言资源和语言多样性保护的核心理念和指导思想，倡导各国制定行动纲领和实施方案，同时汇聚了语言资源保护的做法，提供了可资借鉴的经验、模式和路线图，体现了中国经验和中国方案。宣言在制定和征求意见过程中受到各方高度评价，认为是一项具有里程碑意义的历史性成果，将对指导世界各国和地区保护语言资源和语言多样性工作发挥重要作用。]

# 四　普及网络空间及促进并使用多种语言的建议书

## 序言

大会，

承诺全面落实《世界人权宣言》和其他国际公认的法律文书中所宣布的人权和基本自由，牢记1966年关于公民权利和政治权利以及关于经济、社会和文化权利的两个国际公约；

注意到联合国教育、科学及文化组织在信息与传播领域以及在贯彻该组织大会通过的有关这一领域的决定和联大有关这一问题的决议的相关章节方面所起的重要作用；

忆及教科文组织的《组织法》在前言中确认"文化之广泛传播以及为争取正义、自由与和平对人类进行之教育为维护人类尊严不可缺少之举措，亦为一切国家关切互助之精神，必须履行之神圣义务"；

还忆及《组织法》第1条规定教科文组织的宗旨与职能之一为"建议订立必要之国际协定，以便运用文字与形象促进思想之自由交流"；

坚决维护教科文组织大会第三十一届会议通过的《世界文化多样性宣言》所体现的原则，尤其是宣言的第5条、第6条和第8条；

参照教科文组织大会有关提倡多种语言和普及网络空间的各项决议，

相信新的信息与传播技术的发展为更好地使用文字和图像自由传播思想提供了机遇，但也对确保人人参与全球信息社会提出了挑战；

注意到全球信息网络中的语言多样性和普及使用网络空间中的信息问题是当今许多争论的焦点，并将对知识社会的发展起到决定性的影响；

认识到要促进普及使用信息，必须考虑知识产权方面的国际条约与协议；

认识到信息匮乏者，特别是发展中国家，必须提高获得和应用新技术的能力；

认识到基础教育和扫盲教育是普及网络空间的前提；

考虑到不同的经济发展水平会影响到网络空间的使用，必须制定特定的政策和加强互助来改变目前的不平衡现象，并营造一种相互信任与谅解的气氛；

特此通过本建议书：

### 开发多种语言的内容和系统

1. 地方、国家、地区和国际各级的公共部门和私营部门与民间组织应努力提供必要的资金和采取必要的措施，鼓励用数字化技术制作、处理和使用教育、文化和科学方面的内容，以减少因特网上的语言障碍和促进人际交往，从而确保所有的文化都能用不同的语言，包括本土语言，来表现自己和使用网络空间。

2. 会员国和国际组织应鼓励和支持在因特网上制作有地方特色和本土色彩的内容的能力建设。

3. 会员国应就网络空间中语言生存这一重要问题制定合适的国家政策，目的是在网络空间中促进包括母语在内的语言教学。应加强和扩大对发展中国家的国际支持和援助，帮助它们开发免费使用的数字化语言教材和提高这一方面的人员的基本能力。

4. 会员国、国际组织和信息与传播技术产业应鼓励合作研制、开发和根据本地情况改造具有多种语言功能的操作系统、搜索引擎和网络浏览器，以及网上词典和术语库。应支持国际合作，共同开发供大家使用的自动翻译工具和智能语言系统，如可用多种语言进行资料检索、编写总结或摘要和语音识别的工具，同时充分尊重作者的翻译权。

5. 教科文组织应和其他国际组织合作，建立一个网上观察站，随时了解使用多种语言和多语种的资料及其应用方面的现行政策、法规、技术建议和最佳经验，包括语言电脑化方面的革新。

### 推动网络和服务的使用

6. 会员国和国际组织应重视和支持因特网的普及使用，使其成为促进《世界人权宣言》第 19 条和第 27 条所确认的人权的工具。

7. 会员国和国际组织应制定必要的政策，将因特网的使用作为一项公益服务加以普及，以加快提高国民和公民社会能力的步伐，并应充分考虑农村地区的需要，鼓励在发展中国家中切实执行和支持这些政策。

8. 会员国和国际组织应特别考虑公共机构、教育机构、弱势群体和残疾人的需要，在地方、国家、地区和国际各级建立相关的机制，收取可承受的电讯和网络费用，普及因特网的使用。为此，应在这一方面建立新的鼓励机制，包括鼓励公私合营以吸引投资和减少信息与传播技术使用方面的经济障碍，如降低对信息技术设备、软件和服务征收的各项税收和关税。

9. 会员国应鼓励因特网服务商考虑以优惠价格向学校、科研机构、博物馆、档案馆和公共图书馆等公共服务机构提供网络接入服务，作为普及使用网络空间的过渡措施。

10. 会员国应鼓励制定信息策略和模式，推动社会各阶层使用信息技术，包括设立社区项目，培养当地的信息与传播技术带头人和顾问。这些策略还应鼓励公共服务机构之间在信息与传播技术方面开展合作，以降低使用因特网的费用。

11. 应本着国际合作的精神，在协商后公平分摊费用的基础上，鼓励发展中国家将私营的和非营利性的因特网服务商连接起来的因特网对接点与其他国家（无论是发展中国家还是工业发达国家）的对接点互相连接。

12. 地区组织和论坛应鼓励在地区之间和地区内部建立由大容量的地区骨干网络支持的网络，在公开竞争的环境中将所有国家在一个全球网络中连接起来。

13. 联合国系统内部应通力合作，交流在社会经济发展中使用信息与传播技术网络与服务的信息和经验，包括开放源码技术以及发展中国家的政策制定和能力建设。

14. 会员国和国际组织应在域名管理，包括多种语言的域名管理上，加强必要的合作，开发公有的内容。

15. 会员国应承认并保障人人都有通过网络获取公有的和政府持有的信息资料的权利，包括现代民主社会的公民应该了解的信息，同时充分注意这类信息使用中的保密性、隐私性、国家安全和知识产权等问题。国际组织应承认并宣布每个国家都有获得与本国的社会或经济状况有关的基本数据资料的权利。

16. 会员国和国际组织应指定和支持公有知识信息库，供大家使用，从而营造有助于创作和扩大服务对象的学习环境。为此，必须提供充足的资金来保护公有领域的信息并将其数字化。

17. 会员国和国际组织应鼓励尊重公私双方利益的合作方式，使公有的信息在不受地域、经济、社会或文化歧视的情况下得到普及使用。

18. 会员国和国际组织应鼓励开放使用信息的措施，包括为信息的交流、软件的可移植性和互用性以及在全球信息网络上使用公有的信息制定统一的方法和技术标准。

19. 会员国和国际组织应促进和推动信息与传播技术方面的扫盲教育，包括普及信息与传播技术和建立起对它的信任。为信息社会培养人才至关重要，应将信息与传播技术的技能培训，与开放的、综合的和跨文化的教育结合起来。这种培训不应局限于业务技能，还应包括伦理原则与价值观意识。

20. 应加强联合国内部的机构间合作，以便把从各种发展项目和计划中积累起来的大量信息资源汇集成可供大家使用的知识，尤其是供发展中国家和处境不利的群体使用。

21. 教科文组织应与其他有关的政府间组织密切合作，编纂一部介绍各国有关公有信息的生产和在网上传播的立法、法规和政策的汇编。

22. 应当在充分尊重言论自由的前提下鼓励信息制作者、使用者和服务供应商总结和采用成功经验以及自觉遵守职业道德和公共道德。

**重申公平兼顾权利拥有者与公众双方的利益**

23. 会员国应与有关各方密切合作，修订本国的版权法，并使其适用于网络空间，同时充分注意国际版权和相关权利的公约中规定的确保作者、著作权和相关权利拥有者与公众之间公正与公平的权益。

24. 会员国和国际组织必要时应鼓励权利拥有者和著作权保护及相关权利保护的各种限制和例外规定的合法受益者确保只有在某些特殊情况下使用这种限制和例外规定，不得违反作品的正常使用，也不得构成对权利拥有者根据知识产权组织版权条约（WCT）和知识产权组织表演和录音制品条约（WPPT）所拥有的合法权益的无理侵害。

25. 会员国和国际组织应谨慎对待技术革新及其对在国际条约和协议

规定的著作权保护和相关权利保护的范围内获取和使用信息可能产生的影响。

大会建议各会员国采取法律的或其他必要的手段实施以上各项条款，并在各自的领土和管辖范围内实行本建议书所提出的各项准则与原则。

大会建议各会员国要求负责信息与传播技术的政策、策略和基础设施工作，包括在因特网上使用多种语言，开发网络和服务，扩大因特网上的公有信息以及保护知识产权的公共部门及私人机构重视本建议书。

大会要求各会员国按大会指定的日期和方式向大会报告各国为落实本建议书所采取的措施。

以上为联合国教科文组织在巴黎召开的于 2003 年 10 月 17 日闭幕的大会第三十二届会议郑重通过的正式文本。

为此，我们于 2003 年 11 月 21 日签署本文件，以昭信守。

大会主席<br>总干事

## 附　录

### 定　义

在本建议书中，

（a）骨干网络（backbone）是把若干容量较小的网络链接起来的大容量网络。

（b）版权的限制和例外规定（copyright limitations and exceptions）是版权法和相关权利法中对作者或其他权利拥有者利用其著作或受相关权利保护的其他作品的专有权利加以限制的规定。这种限制和例外规定的主要形式有强制许可证、法定许可证和合理使用。

（c）网络空间（cyberspace）指全球信息基础结构范围内用数字化或电子手段进行交流的虚拟世界。

（d）域名（domain name）是给因特网网址的名称，如 http：//www.unesco.org 中的"unesco.org"，便于用户查找网上资源。

（e）智能语言系统（intelligent linguistic systems）把当今电脑的快速运算、数据检索和操作能力，与更为抽象和微妙的推理能力，以及对某种语言或多种语言的人际交流中只能意会不能言传的细微差别的理解能力相结合，从而在更高的层次上模拟人类交流。

（f）因特网服务供应商（ISP）指提供因特网上网服务的供应商。

（g）互用性（interoperability）指不同商家的不同设备所用的软件和硬件能够共用数据的性能。

（h）开放源码技术（open source technology）由 Open Source Initiative（OSI）以开放源码为前提制定的一种认证标准，表明电脑程序的源代码（原始的或用编程语言写成的程序指令）供公众免费使用。

（i）点对点连接（peering）指两个或两个以上的因特网服务供应商（ISPs）之间的一种关系，它们相互之间建立直接的连接，并同意通过这一连接，而不是因特网骨干网络，相互直接转送数据包。当这种连接涉及两个以上的因特网服务供应商时，传给任何一个因特网服务供应商的所有信息将首先送到一个中央交换处，即"对接点"（peering point），然后再转送到最终目的地。

（j）可移植性（portability）指软件不需特定的机器或硬件即可在各种电脑上使用的性能。

（k）公有信息（public domain information）指可以自由利用的信息，不会侵犯任何合法权利，也不违反任何保密的义务。因此它既指因未受国家法律或国际法的保护或保护期已过而无须授权即可由任何人使用的所有著作或受相关权利保护的其他作品，也指各国政府或国际组织编制的并自愿提供的公开数据和官方信息。

（l）搜索引擎（search engine）是一种软件功能，可以按指定的关键词查找文件，并检索出包含该关键词的文件。

（m）普及使用网络空间（universal access to cyberspace）指所有公民以能够承受的价格公平使用信息基础设施（尤其是因特网）以及人类集体和个人的发展所必需的信息和知识。

（n）浏览器（web browser）是用于查找并显示因特网网页的应用软件。

# 五　欧洲区域或小族群语言宪章

发布供签署日期：1992年11月5日
生效日期（五国已批准）：1998年3月1日

## 第一部分　总则

**第一条**　定义
根据本宪章之目的，作如下定义：
第一款　"区域或小族群语言"具有如下特征：
第1项　历史上由占全国人口少数的人在一国境内特定地区使用。
第2项　区别于该国或该地区官方语言。
该概念既不包括该国官方语言的变体，也不包括外来语。
第二款　"区域或小族群语言的使用地"，是指在某一地理范围内使用相关语言作为交流工具的人数达到足够多的程度，足以证明有必要为其提供本宪章规定的各种保护和推行措施。
第三款　"非属地语言"，是指该国部分国民使用的区别于该国其他人口的语言，这些语言虽然历史上就在该国领土内使用，但没有专属该语言的特定使用地区。

**第二条**　承诺
第一款　各缔约国保证，对于其境内符合第一条定义的区域或小族群语言，均按第二部分诸条款实施。
第二款　在根据第三条规定批准、接受或承认本宪章过程中确定的语言，各缔约国承诺将从本宪章第三部分各条款中至少选择35款（或项、目）予以施行，其中需从第八条和第十二条中至少选三款（或项、目），从第九条、第十条、第十一条和第十三条中至少各选一款（或项、目）。

**第三条** 实施细则

第一款 各缔约国应在其批准书、接受书或核准书中明确列出适用于第二条第二款规定的各区域或小族群语言以及在全国或部分地区使用较少的官方语言。

第二款 各缔约国可在提交批准书、接受书或核准书后的任何时间知会秘书长，追加履行上述文件中未提及的宪章其他的条款义务；或将本条第一款应用于其他区域或小族群语言，或其他在全国或部分地区较少使用的官方语言。

第三款 前款涉及的承诺，应当视为批准书、接受书或核准书的必要组成部分，自通知之日起具有同等效力。

**第四条** 现有保护机制

第一款 本宪章中所有内容均不得解释成限制或背离《欧洲人权公约》所保证的种种权利。

第二款 本宪章诸条款不应影响各缔约国国内法规和双边或多边协定中现有的为区域或小族群语言地位提供更为有利条件的条款，或为小族群语言群体成员提供更为有利的司法保护机制。

**第五条** 现有义务

本宪章所有内容，均不可解释成赋予公民权利参加或采取违反《联合国宪章》，或者违反包括国家主权和领土完整在内的国际法中的其他义务的任何活动。

**第六条** 通告

各缔约国承诺，务必将本宪章规定的权利和义务通告有关当局、组织和个人。

## 第二部分 目的与原则，依据第二条第一款

**第七条** 目的与原则

第一款 关于区域或小族群语言，在使用该语言的地区内，根据每种语言的情况，各缔约国应依据以下目的和原则来确定其政策、立法和实践。

第1项 承认区域或小族群语言是文化财富的一种形式。

第 2 项　尊重各地人民使用区域或小族群语言，确保现行或新的行政区域划分不会成为推行区域或小族群语言的障碍。

第 3 项　采取果敢的措施保护区域或小族群语言的推行。

第 4 项　在公共与私人生活中，推行并/或鼓励使用区域或小族群语言，包括口头和书面形式。

第 5 项　在本宪章所涵盖的诸领域中，保持并发展区域或小族群语言群体与本国使用相同或相似语言的群体之间的联系，与国内使用其他不同语言的群体建立文化关系。

第 6 项　在所有适当的教育阶段为教授与学习区域或小族群语言提供适当方式和手段。

第 7 项　对于居住在使用某种区域或小族群语言地区但不会说该语言者，如果其愿意学习该语言，则应提供便利。

第 8 项　在大学或相同层次的其他机构，促进对区域或小族群语言的学习和研究。

第 9 项　在本宪章涵盖的诸领域内，对于两国或多国使用相同或相似语言的区域或小族群语言群体，提倡开展适当形式的跨国交流。

第二款　各方承诺消除任何对区域或小族群语言使用可能作出的不合理的区分、排斥、限制或偏废，消除阻挡或危害该语言保持和发展的企图。为了促进区域或小族群语言使用者与其他语言使用者的平等地位或者因其特殊条件而采取的有利于区域或小族群语言的特别措施（即正面差别待遇），不应被看作一种歧视行为。

第三款　各方承诺，通过适当的措施，促进该国所有语言群体之间的相互理解，特别是在国家所提供的教育和培训中纳入对区域或小族群语言尊重、理解和宽容的内容，鼓励大众传媒也来追求这共同的目标。

第四款　各方在制定其区域或小族群语言政策时，应考虑相关语言群体的需求与期望。如果有必要，各方可成立相关机构，就区域或小族群语言的所有相关事务向当局提供咨询建议。

第五款　各方承诺，经必要的修改后，将上述第一款至第四款的原则适用于各"非属地语言"。然而，就所涉及的语言来说，应以灵活的方式来决定本宪章中各措施的实施方式与适用范围，牢记有关语言群体的需要、愿望，并尊重其传统和特色。

## 第三部分  在公共生活中推行区域或小族语言的措施，依据第二条第二款

**第八条**  教育

第一款  在教育领域，根据每种语言的情况，在不损害本国官方语言教学的情况下，各方承诺在使用这些语言的地区内：

第 1 项

（1）将区域或小族群语言纳入学前教育；

（2）将区域或小族群语言纳入大部分学前教育；

（3）在确有家长要求且学生人数足够的情况下，实施上述第 1 目和第 2 目中的至少一个；

（4）如公共当局在学前教育领域无直接权限，则应赞成并/或鼓励实施上述第 1 目至第 3 目提出的措施。

第 2 项

（1）将区域或小族群语言纳入小学教育；

（2）将区域或小族群语言纳入大部分小学教育；

（3）将区域或小族群语言作为一门课开设；

（4）在确有家长要求且学生人数足够的情况下，实施上述第 1 目至第 3 目中的至少一个。

第 3 项

（1）中等教育使用区域或小族群语言教学；

（2）大部分中等教育使用区域或小族群语言教学；

（3）中等教育将区域或小族群语言作为一门课开设，或；

（4）在确有家长要求且学生人数足够的情况下，实施上述第 1 目至第 3 目中的至少一个。

第 4 项

（1）将区域或小族群语言纳入技术与职业教育；

（2）将区域或小族群语言纳入大部分技术与职业教育；

（3）将区域或小族群语言作为技术与职业教育课程计划的必要组成部分；

（4）在确有家长要求且学生人数足够的情况下，实施上述第 1 目至

第 3 目中的至少一个。

第 5 项

（1）将区域或小族群语言纳入大学教育或其他高等教育；

（2）在大学教育或其他高等教育中，为开设学习区域或小族群语言的课程提供便利；

（3）如果受国家与高等教育机构之间的关系所限，无法实施本项第 1 目和第 2 目，则应鼓励并/或允许规定大学或其他形式的高等教育使用区域或小族群语言，或为开设学习区域或小族群语言的课程提供便利。

第 6 项

（1）在成人教育与继续教育中，安排全部或部分课程使用区域或小族群语言教学；

（2）在成人教育与继续教育中，提供区域或小族群语言教学的课程；

（3）如果公共当局在成人教育领域无直接权限，则应提倡并/或鼓励在成人教育与继续教育中提供区域或小族群语言教学的课程。

第 7 项　为确保教授区域或小族群语言的历史和文化做出安排。

第 8 项　对实施上述第 1 项至第 7 项中教育内容的教师开展基本培训和后续培训。

第 9 项　建立一个或多个监督机构，负责监控开展或推进区域或小族群语言教学的措施和进展，并定期起草调查报告公开发布。

第二款　在教育领域，除了传统上使用区域或小族群语言的地区之外，各方承诺，如果使用区域或小族群语言的人数足够多，将在所有合适的教育阶段，允许、鼓励或提供使用区域或小族群语言的教学，或开设区域或小族群语言课程。

**第九条**　司法机关

第一款　在使用区域或小族群语言的居民人数足够多的司法辖区内，根据每种语言情况，如法官认为提供本款规定的便利条件不会妨碍正常司法管理工作，各方承诺：

第 1 项　在刑事诉讼中：

（1）如当事人请求，使用区域或小族群语言开展诉讼工作；

（2）确保被告享有使用其区域或小族群语言的权利；

（3）书面或口头的请求和证词，不得在无其他原因的情况下，只因其使用区域或小族群语言而不予采纳；

（4）允许使用区域或小族群语言提供与诉讼程序相关的材料，如有必要可使用口译和笔译但不得让相关人员负担额外费用。

第 2 项　在民事诉讼中：

（1）如当事人请求，使用区域或小族群语言开展诉讼工作；

（2）允许诉讼当事人本人出庭时使用其区域或小族语言，且无须负担额外费用；

（3）允许使用区域或小族语言来书写文件和证词，如有需要可使用口译或笔译。

第 3 项　在行政事务诉讼中：

（1）如当事人请求，使用区域或小族群语言开展诉讼工作；

（2）允许诉讼当事人本人出庭时使用其区域或小族语言，且无须负担额外费用；

（3）允许使用区域或小族语言来书写文件和证词，如有需要可使用口译或笔译。

第 4 项　采取行动确保上述第 2 项和第 3 项中第 1 目和第 3 目的实施，以及任何根据需要开展的口译和笔译活动，无须相关人负担额外费用。

第二款　各方承诺：

第 1 项　对于国内拟定的法律文件，在无其他原因的情况下，不能只因其是使用区域或小族群语言起草的，就否定这些文件的效力。

第 2 项　对于国内各方之间签订的法律文件，在无其他原因的情况下，不能只因其是使用区域或小族群语言起草的，就否定这些文件的效力；如有第三方不是区域或小族群语言使用者，但已被告知区域或小族群语言法律文件的内容，则可援引上述文件对其提起诉讼。

第 3 项　对于国内各方之间签订的法律文件，不得在无其他原因的情况下，只因其是使用区域或小族群语言起草的，就否定这些文件的效力。

第三款　各方承诺，对于国家最重要的法律文本，特别是那些与区域或小族群语言使用者有关的法令，如尚无相关语言的版本，国家应予以提供。

**第十条**　行政机关与公共服务

第一款　在使用区域或小族语言的居民达到足够多的数量大的行政辖区内，根据每种语言的情况，各方承诺尽可能做到：

第 1 项

（1）确保行政机关使用区域或小族群语言；

（2）确保其负责与公众联系的工作人员如接触对象使用区域或小族群语言，则也使用相应语言；

（3）确保使用区域或小族群语言的人可以使用该语言提交口头或书面申请，并能得到该语言的答复；

（4）确保使用区域或小族群语言的人可以顺利地提交用该语言书写的文件。

第 2 项　对于使用较广的行政文本和表格，提供区域或小族群语言版本或双语版本。

第 3 项　允许行政机关使用区域或小族群语言起草文件。

第二款　如使用区域或小族群语言的居民达到足够多的人数，地方和地区行政机关可采取如下措施，各方承诺允许和/或鼓励：

第 1 项　在地方或地区当局机构内使用区域或小族群语言。

第 2 项　使用区域或小族群语言的人能用该语言提交口头或书面申请。

第 3 项　地区当局的官方文件也用有关的区域或小族群语言发布。

第 4 项　地方当局的官方文件也用有关的区域或小族群语言发布。

第 5 项　在不影响使用该国官方语言的前提下，地区当局在集会讨论中可使用区域或小族群语言。

第 6 项　在不影响使用该国官方语言的前提下，地方当局在集会讨论中使用区域或小族群语言。

第 7 项　对于区域或小族群语言地名，使用或采用其传统的、正确的形式，如有必要可同时使用官方地名。

第三款　由行政机关或其代理方提供的公共服务，在使用区域或小族群语言的地区内，根据每种语言的状况，如情况允许，各方承诺尽可能：

第 1 项　确保使用区域或小族群语言提供服务。

第 2 项　允许使用区域或小族群语言的人用该语言提出申请，并得到该语言的答复。

第 3 项　允许使用区域或小族群语言的人用其语言提出申请。

第四款　为将第一款至第三款的项、目付诸实施，各方承诺采取下述措施的一项或多项：

第1项　应相关要求，提供口译或笔译。

第2项　招聘所需的官员和其他公共事业人员，如有必要，对他们进行培训。

第3项　对于掌握区域或小族群语言的公共事业人员，尽量满足他们的要求将其安排到使用相关语言的地区。

第五款　各方承诺，应有关人员的要求，允许使用或采用区域或小族群语言的姓氏。

**第十一条　媒体**

第一款　各方承诺，在尊重媒体独立自主原则的前提下，在使用区域或小族群语言的地区，基于每种语言的情况，公共当局可以直接或间接地对媒体领域施加影响：

第1项　在广播电视履行公共服务的范围内：

（1）确保至少创立一个广播台和一个电视频道使用区域或小族群语言；

（2）鼓励并/或支持至少创立一个广播台和一个电视频道使用区域或小族群语言；

（3）充分支持广播公司提供区域或小族群语言节目。

第2项

（1）鼓励并/或促进至少创立一个使用区域或小族群语言的广播台；

（2）鼓励并/或促进播送区域或小族群语言的固定广播节目。

第3项

（1）鼓励并/或促进至少创立一个使用区域或小族群语言的电视频道；

（2）鼓励并/或促进播送区域或小族语言的固定电视节目。

第4项　鼓励并/或支持制作和发行区域或小族群语言的音像制品。

第5项

（1）鼓励并/或支持创办并/或维持至少一种使用区域或小族群语言的报纸；

（2）鼓励并/或支持定期在报纸上使用区域或小族群语言发表文章。

第6项

（1）如法律允许向媒体提供经济资助，则为使用区域或小族群语言的媒体承担额外的费用；

(2) 将现有为媒体提供经济资助的措施扩大到使用区域或小族群语言的音像制品。

第7项 支持使用区域或小族群语言的媒体培训其记者或其他工作人员。

第二款 各方承诺,对于跟区域或小族群语言相同或相似的邻国语言的广播电视,确保直接收听收看的自由,且不反对二次播送邻国用这种语言播送的广播电视节目。各方进一步承诺,对于跟区域或小族群语言相同或相似的文字出版物,不得限制其发表和流通的自由。行使上述自由也附带了义务和责任,须接受法律规定的手续、条件、限制或处罚,以保护国家安全、领土完整、公共安全,防止动乱或犯罪,保护健康或道德,保护他人的名誉或权利,防止秘密材料的泄露,维护司法部门的权威与公正。

第三款 各方承诺,保证在依法建立的保障传媒自由与多元化的机构中,区域或小族群语言使用者有代表参加,或其利益被纳入考虑。

第十二条 文化活动与设施

第一款 关于文化活动和设施,如图书馆、录像馆、文化中心、博物馆、档案馆、学会、影剧院以及文学与电影创作、地方文化表现形式、节日以及文化产业,尤其包括新技术的使用,各方承诺,在使用区域或小族群语言的属地内,如公共当局在该领域有职责、有权力或有影响,则:

第1项 鼓励使用区域或小族语言特有的各种表达和表现方式,为大众接触用这些语言创作的作品建立各种渠道。

第2项 通过扶持和发展翻译、配音、录音合成及配字幕等活动,促使区域或小族群语言创作的作品被译成其他语言。

第3项 通过扶持和发展翻译、配音、录音合成及配字幕等活动,促使其他语言创作的作品被译成区域或小族群语言。

第4项 确保负责组织或赞助各类文化活动的机构,在其发起或负责的项目中,支持纳入区域或小族群语言文化知识及应用并提供适当补贴。

第5项 采取措施,确保负责组织或赞助各类文化活动的机构雇用既精通区域或小族语言又精通其他语言的工作人员。

第6项 鼓励使用某一区域或小族群语言的代表直接参与设施建设和文化活动规划诸事宜。

第7项 鼓励并/或促进创建一个或多个实体,负责收集、保藏、介绍、出版用区域或小族群语言创作的作品。

第8项 如有必要，创办并/或推动和资助翻译和术语研究部门，以保持和发展区域或小族群语言中具有适当的行政、商业、经济、社会、技术或法律术语。

第二款 在传统上使用区域或小族群语言的地区之外，如果使用区域或小族群语言的人达到足够数量，各方承诺根据前款，允许、鼓励并/或提供适当的文化活动与设施。

第三款 各方承诺，在贯彻其国际文化政策时，为区域或小族群语言及其反映的文化作出适当的规定。

**第十三条** 经济与社会生活

第一款 关于经济与社会活动，各方承诺，在整个国家内：

第1项 从立法体系中排除任何无正当理由而禁止或限制在经济和社会生活相关文件中使用区域或小族群语言的规定，特别是雇佣合同和技术文件，包括产品使用说明或安装说明等。

第2项 禁止在公司的内部规章和私人文件中插入任何排除或限制使用区域或小族语言的条款，至少不得排除或限制区域或小族群语言使用者之间的使用。

第3项 反对蓄意阻碍在经济或社会活动中使用区域或小族群语言的行为。

第4项 采用以上各项规定之外的方法来促进并/或鼓励区域或小族群语言的使用。

第二款 关于经济与社会活动，各方承诺，公共当局在使用区域或小族群语言的地区，如情况允许，在其能力范围内：

第1项 在金融与银行规章中，通过采取符合商业行为的手段，允许使用区域或小族群语言制作支付票据（支票、汇票等）或其他金融文件，或在条件合适时确保这些规定的实行。

第2项 在其直接控制的经济与社会部门（公共部门）中，组织活动以促进区域或小族群语言的使用。

第3项 确保社会福利设施，如医院、养老院及收容所，在接待因健康不良、年老或其他原因需要照顾的区域或小族群语言使用者时，能使用他们自己的语言进行接待和治疗。

第4项 通过适当方式，用区域或小族群语言提供安全须知。

第5项 安排公共主管当局用区域或小族群语言提供关于消费者权利

的信息。

**第十四条** 跨境交流

各方承诺：

第 1 项 如有多个国家以相同或相似方式使用同一语言，各方在履行现有双边和多边协定时，其履约方式应能促进有关国家同一语言使用者之间在文化、教育、信息、职业培训和终身教育领域的交流，必要时可促使缔结这种协定。

第 2 项 推进并/或促进跨国合作，特别是与那些辖区内以相同或相似形式使用同一语言的区域或地方当局之间的合作。

## 第四部分　宪章的实施

**第十五条** 定期报告

第一款 各方须按部长委员会规定的形式，定期向欧洲委员会秘书长提交报告，汇报按本宪章第二节及第三节中接受的条款所采取的实际措施编写。第一份报告须在开始执行宪章后一年内提交，随后每三年递交一份后续报告。

第二款 各方须公开其提交的报告。

**第十六条** 报告的审查

第一款 依据第十五条向欧洲委员会秘书长提交的报告，须经过第十七条所成立的专家委员会的审查。

第二款 缔约方境内依法成立的团体或协会，可向专家委员会报告本宪章第三节中缔约方所承诺条款的执行情况。在与缔约方协商后，专家委员会可将获得的信息纳入下述第三款所规定的报告。这些团体或协会可进一步报告有关该缔约方依据第二节开展的施政情况。

第三款 基于本条第一款规定的报告和第二款提到的信息，专家委员会须向部长委员会提交一份报告，该报告须附上各缔约方根据要求作出的反馈，并且可被部长委员会公布。

第四款 本条第三款规定的报告，须包括专家委员会向部长委员会做出的具体建议，供其起草发给一个或多个缔约方的建议书。

第五款 欧洲委员会秘书长须就本宪章的实施向议会大会作两年一度的详细报告。

**第十七条  专家委员会**

第一款  专家委员会由部长委员会从各缔约国推荐名单中选取任命，每个缔约国派一名成员参加。专家应具有高度的诚信意识和卓越的能力手段，足以处理本宪章所涉事务。

第二款  专家委员会成员任期六年，可连选连任。如有成员不能完成任职期限，须依据本条第一款规定的程序任命接替人员，接替者完成其前任的任职期限。

第三款  专家委员会须依据程序履行职责。其秘书服务将由欧洲委员会秘书长安排。

# 第五部分  最后条款

**第十八条**

本宪章开放给欧洲委员会各成员国自由签署。各国签署后须对其履行批准、接受和承认程序。批准书、接受书和承认书将交由送欧洲委员会秘书长保存。

**第十九条**

第一款  当有五个欧洲委员会成员国依据第十八条的规定，表示同意接受本宪章的约束后，待三个月期满，从第四个月的第一天起，本宪章开始生效。

第二款  后续表示同意接受本宪章约束的成员国，在批准书、接受书和承认书送存秘书长后，待三个月期满，从第四个月的第一天起，本宪章开始生效。

**第二十条**

第一款  本宪章生效后，欧洲委员会部长委员会可以邀请任何一个非欧洲委员会成员国加入本宪章。

第二款  任何一个加入国，在向欧洲委员会秘书长送存文件三个月期满后，从第四个月的第一天起，本宪章开始生效。

**第二十一条**

第一款  任何一国，在签署宪章时或在送存其批准书、接受书、承认书时，可对本宪章第七条第二款至第五款中的一款或多款持保留态度。其他条款一概不得持保留态度。

第二款　对上述条款持保留态度的任何缔约国，均可向欧洲委员会秘书长发出通知书，全部或部分撤销其保留态度。该撤销操作自通知送达秘书长之日起生效。

**第二十二条**

第一款　任何缔约国，在任何时候均可向欧洲委员会秘书长发出通知书，退出本宪章。

第二款　此类退出声明，在秘书长收到该通知书后，待六个月期满，从第七个月的第一天起生效。

**第二十三条**

欧洲委员会秘书长须向成员国和任何加入本宪章的国家通知下列事项：

第1项　签署宪章的行为。

第2项　送存批准、接受、承认和加入文件的行为。

第3项　依据第十九条和二十条，本宪章的生效日期。

第4项　收到有关第三条第二款实施的通知。

第5项　与本宪章有关的其他活动、通知或沟通。

被正式授权签署本宪章者签字为证。

本宪章于1992年11月5日在斯特拉斯堡定稿，英文文本和法文文本具有同等效力。两种文本合订为一册，存于欧洲委员会档案馆。欧洲委员会秘书长将向各成员国和邀请加入本宪章的国家送交核准过的文本。

# 后　　记

　　《国外语言文字法律法规选编》，是 2014 年度教育部哲学社会科学研究重大课题攻关项目——"国家语言文字事业法律法规体系健全与完善研究"的部分阶段性成果。本书选编的这些译成中文的国外法律法规文件，是众多从事法律和语言文字研究人员以及翻译人员的集体智慧之结晶。在法国语言文字法部分，分别由武汉理工大学法律硕士赵浠辰、陈欣担任译校；韩国语言文字法的中文翻译，由广东外语外贸大学东方语言文化学院助理教授李善（韩籍）承担，其校对工作由广东外语外贸大学英语语言文化学院副教授许勉君承担；日本语言文字法，由深圳市公安局王帅翻译、上海外国语大学高翻学院曾亦诚硕士校对；美国语言文字法方面的材料，由广东外语外贸大学赵军峰组织团队翻译，校对工作由南京工业大学博士生程思、南京信息工程大学法政学院刘斯文和金昊垧承担；俄罗斯语言文字法的最新文本，由留学莫斯科大学的杨天放博士提供，并由南京工业大学张燔教授和杨天放博士分别译校；新西兰语言文字法，由南京信息工程大学刘青博士译、世纪畅链有限责任公司（北京）法务姚丹萍女士校对；加拿大官方语言法，由姚丹萍根据英文文本翻译、刘青负责校对。本书除选取这些国家的语言文字法外，最后还附录了有关语言文字权利及其保护的国际条约与倡议以及欧盟关于区域或小族群语言保护的宪章。借此出版之际，向为国外语言文字法译为中文而付出辛劳的所有人员，深表敬意和谢意！

　　收录于本书中的国外语言文字法律法规，不仅便于读者了解该领域的外国立法状况，而且为我国语言文字立法的健全与完善提供了可资借鉴或参考的样本素材。希望本书的出版对我国语言文字立法理论和实践有所裨益，亦不枉老身多次反复编校过程中的眼朦胧耳朦胧和郁苦情矣。

杨解君

2021 年 7 月 20 日